中国银行业协会
CHINA BANKING ASSOCIATION

中国银行业客服中心发展报告

DEVELOPMENT REPORT ON
CHINA BANKING CONTACT CENTER

2013

中国银行业协会客服中心联席会◎编著

中国金融出版社

责任编辑：戴　硕　李　融
责任校对：刘　明
责任印制：毛春明

图书在版编目(CIP)数据

中国银行业客服中心发展报告(2013)(Zhongguo Yinhangye Kefu
Zhongxin Fazhan Baogao 2013) / 中国银行业协会客服中心联席会编著. —
北京: 中国金融出版社，2014.8

ISBN 978-7-5049-7580-5

Ⅰ. ① 中… Ⅱ. ① 中… Ⅲ. ① 银行 — 商业服务 — 研究报告 — 中
国 — 2013 Ⅳ.①F832.1

中国版本图书馆CIP数据核字 (2014) 第139768号

出版
发行　　**中国金融出版社**

社址　　北京市丰台区益泽路2号
市场开发部　　(010) 63266347，63805472，63439533(传真)
网 上 书 店　　http://www.chinafph.com
　　　　　　　　(010) 63286832，63365686 (传真)
读者服务部　　(010) 66070833，62568380
邮编　　100071
经销　　新华书店
印刷　　北京侨友印刷有限公司
尺寸　　185毫米×260毫米
印张　　11.25
字数　　184千
版次　　2014年8月第1版
印次　　2014年8月第1次印刷
定价　　56.00元
ISBN 978-7-5049-7580-5/F.7140
如出现印装错误本社负责调换　　联系电话(010) 63263947

中国银行业客服中心发展报告编委会

报告编委会

编 委 会 主 任：杨文升

编委会副主任：杨绍萍　　　王衍行

编 委 会 成 员：张　敏　　　周　夏　　　陈静娴　　　周红艳

　　　　　　　　刘琇臣　　　徐子颖　　　汤继业

编写组成员

编 写 组 组 长：李　涛

编写组副组长：王子良　　　任旭华

编 写 组 成 员：董　莎　　　刘　巍　　　蒋增辉　　　赵　芳

　　　　　　　　李　晋　　　范小龙　　　胡冬梅　　　吕　林

　　　　　　　　陈紫薇　　　熊小满

序 言

2013 年，金融机构贷款利率管制全面放开，人民币利率市场化的步伐明显加快；互联网金融的迅速兴起对传统银行的经营模式造成了巨大冲击；随着收入的不断增加，居民对金融产品的需求日益扩大，而逐步开放的市场则为人们提供了更多的金融服务选择。在更激烈的行业竞争之下，牢牢抓住市场和技术发展的机遇，深刻理解并把握客户需求的变化，由"部门银行"向"流程银行"转型，建立真正"以客户为中心"的金融服务体系，是国内银行业不得不面临的重大课题。客服中心作为银行接触客户最广泛、服务资源最集中、服务流程最统一、服务响应最快速的部门，在为银行赢得更多的客户资源，创造更大的经营价值上不仅拥有先天的优势，还具有必然的使命。

经过十四年的高速发展历程，银行业客服中心在人员规模、服务渠道、服务模式及服务内容等方面都发生了显著的变化。目前全行业从业人员达到 4.5 万人，2013 年人工接听量达到 9.7 亿通，人工接通率高达 90.14％，连续三年保持提升。服务渠道已由初期的单一电话服务，扩展至电话、互联网、短信、微信、视频等远程渠道；服务模式由传统分散型向专业化、集约化和智能化发展；服务内容已基本实现除现金业务以外的银行业务全覆盖，集受理咨询投诉、交易办理、客户营销、投资理财和客户关系管理为一体，初步建立起"服务＋交易＋营销"的综合性金融服务平台。银行业客服中心已成为银行重要的客户问题解决中心、产品营销中心、服务体验中心和信息采集中心，服务价值和渠道价值不断显现。

《中国银行业客服中心发展报告（2013）》（以下简称《报告》）是中国银行业协会客服中心联席会组织编写的第一份行业发展报告，首次对国内银行业客服中心的发展环境、发展历程、各渠道服务开展和业务创新情况、运营管理情况进行了系统的总结和介绍，同时全面展示了各成员单位的发展现状、特色和精神风貌，并进一步探讨了客服中心未来的发展优势和发展趋势。《报告》是在全面搜集联席会各成员单位资料的基础上，集合业内专家编写而成的一项重要工作成果，旨在推动行业规范健康发展，提升客服中心整体服务水平，提高社会对银行业客服中心的认识和关注，提升行业价值贡献。

随着信息技术的不断突破和金融市场化程度的逐步提高，商业银行经营环境日益复杂多变，对银行业客服中心来说，机遇和挑战并存，在促进服务创新的同时，也对服务水平和服务模式提出更高的要求。客服中心作为银行为客户提供服务的重要窗口和渠道，是连接客户与银行的重要纽带。如何更好地利用客服中心广泛接触客户的服务优势、创新优势和价值优势，建立真正"以客户为中心"的金融服务体系，为银行创造更大的价值贡献，成为各家银行客服中心面临的重要课题，还需要大家在今后实践中去进一步探索和研究。希望这本凝聚了业内专家智慧的行业发展报告能为我国银行业客服中心未来的发展转型和价值提升起到积极有效的推动作用。

中国银行业协会专职副会长 杨再平

前言

　　客服中心是银行以集中的服务资源、统一的服务流程和标准的服务规范为客户提供远程化金融服务的重要窗口，是连接客户与银行的重要纽带。从 20 世纪的客服热线发展至今，中国银行业客服中心经历了人员规模不断扩大、服务渠道快速扩展、服务模式不断创新、服务内涵持续提升的高速发展历程。

　　2013 年，银行业客服中心从业人员达到 4.5 万人，人工电话接听量达到 9.7 亿通，接通率达到 90.64%，客户满意在 98% 以上的客服中心达到 67 家，业务功能已实现服务、交易、营销、投资理财、客户关系管理等多个银行业务类别的覆盖，客户接触已扩展至电话、短信、电子邮件、在线客服、微博、微信、视频等全部远程渠道。客服中心服务能力的持续增强，为自身进行更加广泛而深入的客户服务，从而为银行创造更大的经营价值提供了强有力的条件。

　　今年是银行业客服中心发展报告的开篇之年，本报告以"综合篇"和"机构篇"两个篇章的内容，向读者全面展现了整个行业的发展情况。

　　"综合篇"从银行业客服中心的发展环境与历程、发展现状、运营现状、发展展望四个方面分别介绍银行业客服中心的整体发展情况。第一章首先从社会经济、技术变革、客户期望，以及银行发展战略等内外部因素的变化分析了银行业客服中心的发展环境，其次从萌芽创建、飞速发展和经营转型三个阶段详细介绍了银行业客服中心的发展历程；第二章从银行业客服中心的数量、类型，以及从业人员的规模、学历和性别构成等开始介绍，重点以服务数据、标杆案例等展现出银行业客服中心在电话、互联网、短信、微信等传统和新兴渠道的服务开展情况，反映出客服中心在服务形式、服务范围、服务内涵等方面不断开拓创新；第三章着重介绍银行业客服中心的运营管理现状，涵盖客服中心的运营模式、组织架构，以及资源管理、绩效与晋升管理、质量管理、培训管理、流程与知识库管理、系统管理、合规管理、现场管理和团队管理等各个方面；第四章通过分析银行业客服中心的发展优势，进一步探讨行业未来所呈现的"直销化"、"智能化"和"价值化"发展趋势。"机构篇"按照银行类型对全行业各主要客服中心作逐一介绍，展现出银行业客服中心朝气蓬勃、百花齐放的发展风貌。

本报告在编写过程中得到了中国银监会、中国银行业协会的大力支持，在此表示衷心感谢！同时，我们还要感谢中国银行业协会客服中心联席会的所有成员单位，正是在大家的共同努力下，本报告才得以顺利完成。囿于有限的编写时间、人力和经验，本报告尚有诸多不完善之处，诚盼指正。

《中国银行业客服中心发展报告（2013）》课题组

目 录
Content

**上篇
综合篇
/ 01**

**下篇
机构篇
/ 59**

附录
/ 139

上篇　综合篇

第一章
银行业客服中心的发展环境与历程

> 社会经济、技术变革、客户期望、银行业发展战略定位等各种内外部因素的变化，促使银行业客服中心在近十几年间得到了突飞猛进的发展。尤其是 2013 年以来，互联网金融的快速发展、劳动法的修订、智能人机交互技术的应用等，对客服中心的运营发展产生了深远的影响。

第一节　外部环境

一、社会经济环境变化的影响

（一）宏观经济和社会环境

宏观经济和社会环境的变化，影响着银行业客服中心客户群体特性的变化，从而推动了银行业客服中心的服务内容不断推陈出新、因势而变。如随着 GDP 持续稳定增长、房地产行业和证券市场的快速发展，越来越多的客户拥有了充裕的闲散资金，衍生出了多样化的投资理财需求，银行业客服中心顺势推出了投资理财顾问等专业化服务。同时，金融体制改革深化的影响和溢出效应也同样产生影响，比如人民币升值和境外旅游热等推动银行业客服中心推出了票务代订等商旅服务，此外，金融业的进一步开放推进了中国银行业的国际化战略，也对客服中心提供全球化服务的能力提出了更高要求。

（二）移动互联网金融

中国互联网络信息中心（CNNIC）发布的《第 33 次中国互联网络发展状况统计报告》显示，2013 年底中国网民达到 6.17 亿，其中手机网民规模达到 5 亿，占比达到 81%，成为中国网民规模增长的主要动力。《2013 年中国银行业服务改进情况报告》显示，2013 年末手机银行个人客户达到 45 833.63 万户，企业客户达到 11.43 万户。2013 年被称为互联网金融的元年，互联网思维深刻影响着传统的金融业态和格局。对银行业客服中心而言，互联网金融尤其是移动互联网金融的发展既是挑战又是机遇。一方面，各类"快捷支付"带来的突发事件和风险事件的增多，不断考验着银行业客服中心的运营和风险处置能力。如春节期间铁道部的网上火车票购票服务对支付银行的客服中心带来了较大话务压力；2013 年天猫"双 11"促销活动中因爆发巨大订单量引起系统排队，客户无法下单或支付失败，直接导致各行客服中心的话务量突然暴增。此外，第三方支付平台下逐渐增多的资金盗刷风险事件，也对客服中心的风险处置效率、应急处理机制提出了更高的要求。另一方面，根据移动互联网金融产品"便捷、可分享可交互"的特点，银行业客服中心积极探索并纷纷推出了微信客服、智能机器人客服、视频客服等新兴多媒体服务渠道。

（三）社会舆论和媒体环境

作为中国金融服务体系中重要的组成部分，银行业的服务始终备受社会关注。尤其是随着微信、微博等互联网媒体和自媒体的快速发展，对银行业的服务改进起到了很好的监督作用，不仅对客服中心的服务提出了更高的要求，同时也对其风险监测能力和快速处置能力提出了更高的要求。作为服务窗口和信息窗口，在接到客户反映的问题后，客服中心不仅要做到快速反应和紧急处理，而且面对新情况，处理方式需要灵活多样，以寻找最为妥当的解决方案。

二、信息技术发展的影响

信息技术的发展以及在客服中心行业的应用，为客服中心的快速发展、运营模式的转变、服务的不断推陈出新提供了可行性。纵观近几年，尤其是 2013 年以来新技术的应用对客服中心的业务和服务手段起到了非常重要的支撑作用。

（一）大数据、IP 远程话机技术

银行业客服中心拥有大量客户数据，是数据来源的主要集聚地，也是产生商业价值及服务的重要依据，云数据的应用使得客服中心发挥着越来越重要的信息分析作用，并引领该行业进入大数据服务时代。而云服务器、IP 远程话机等技术

使客服中心统一集中管理、集中监控、多点运营、异地互为备份的发展模式成为可能。

（二）移动互联、多媒体技术

随着移动网络概念深入到人们的日常生活，移动互联网的普及以及智能手机、平板电脑等技术的广泛使用，为软件运行和内容服务提供了广阔的舞台，使客服中心系统产生了一些新的应用，如微信客服、移动客服、智能柜员机和视频客服等，真正使客服中心的服务模式转型与创新迈出了一大步。

（三）智能语音、智能交互技术

智能语音识别技术将语言的语义分析系统与 IVR（Interactive Voice Response）语音系统对接，为客服中心提供了智能电话语音导航方案，用户只需轻松地说出想要的服务内容，就可以找到自助服务的入口，并完成自助服务。中信银行"智能机器人 CC"和华夏银行智慧导航服务均是基于此技术推出的新型服务手段。而智能机器人则是新一代的人机交互技术，可以很好地替代人工为客户提供标准统一的智能化服务，如招商银行的小 i 机器人服务。智能语音、智能交互技术的运用已成为客服中心提升服务质效、降低运营成本的重要手段之一。

三、客户行为和客户期望的影响

客户需求的不断变化、行业竞争和金融"脱媒"现象的加剧，对商业银行的经营模式和业务结构带来新的挑战，客户与银行面对面的接触越来越少，作为连接客户与银行的空中桥梁，客户行为和期望的变化，对客服中心的服务提出新的要求。

（一）客户对电子渠道的依赖度在提升

随着电子银行的快速发展，客户对客服中心等电子渠道的认知程度、接受程度和依赖程度逐步提升，对传统服务渠道的依赖程度逐步降低，越来越多的业务从柜台转移到了电子渠道办理。当客户在使用电子银行服务时，遇到问题更倾向于寻求客服中心的帮助。客户规模的增长以及客户对客服渠道依赖度的提升，也导致客服中心的业务和人员规模快速增长，服务作用不断加强。根据 13 家已上市的主要全国性商业银行公开的 2013 年度报告显示，各行电子银行渠道的交易笔数替代率或交易占比均达到了 77% 以上。包括客服中心在内的电子渠道对客户和业务的分流作用和综合服务能力进一步提升，已经成为继网点柜台之外的又一重要服务渠道。

（二）客户对智能服务的期望在提高

随着微信、语音、智能手机等技术的广泛应用，人们的生活习惯正迅速被"大数据"、"碎片化"、"快捷化"的典型性互联网特征所改变。客户已逐渐适应和习惯通过移动互联网来获取服务，对便捷性、智慧型的人机互动式或可视化服务渠道更为钟爱。正是为了满足客户对新的服务渠道的偏好和期望，银行业客服中心充分利用本身开放式的服务平台，加速推出更适合大众客户的微信客服、视频客服等服务。

（三）客户对服务效率、服务水平的期望在提高

随着银行业竞争愈加激烈，各银行更加重视客户服务，将其作为核心竞争力，不断提升服务品质。与此同时，客户对服务效率、服务水平的期望也在逐步提高，对客服中心的处理时限、应急能力等均提出了更高的要求。近年来，客户体验管理在各家银行客服中心得到了极大关注和实践应用，如果客户在客服中心得到正面积极的体验，可以使客户产生愉快的感受，并把客服中心的口碑以及银行产品、服务推荐给亲朋好友，而且会持续关注与访问，从而产生较高的忠诚度。

四、监管合规和行业自律的影响

（一）监管合规

作为银行业继柜台之外最重要的对外服务窗口、信息发布窗口和形象展示窗口，银行业客服中心因其服务渠道的多样化，必须接受来自人民银行、银监会、工业和信息化部、人力资源和社会保障部以及一些市政机构等多个层面的监督和管理。2013 年，对银行业客服中心发展产生较大影响的政策包括：新《劳动合同法》和《劳务派遣暂行规定》、利率政策变动、银行各类收费业务资费调整、互联网金融监管政策等。如新《劳动合同法》关于"同工同酬"，以及 2014 年 3 月 1 日起施行的《劳务派遣暂行规定》的"用工单位的被派遣员工不能超过本单位用工

总量的 10%，施行 2 年内降至规定比例"的规定，对于尚处在劳动密集型阶段的银行业客服中心来说影响深远，不得不调整用工方案，避免触碰法律底线。

（二）行业自律

中国银行业协会以促进会员单位实现共同利益为宗旨，通过履行自律、维权、协调、服务职能，紧紧围绕会员单位有效需求开展工作，积极引领银行业科学健康发展。面对客服中心蓬勃发展与行业标准化、规范化程度较低的矛盾，会员单位迫切希望搭建行业公共平台，借助全行业的力量，深入研究、加强交流、统一协调，以解决行业面临的共性问题，促进银行业客服中心规范健康发展。

2009 年，协会制定出台了《中国银行业客户服务中心服务规范》，并恢复单独设立热线服务部。2010 年 1 月，协会组织召开了银行业客户服务中心工作座谈会，对客服工作中的问题与难点进行摸底，并在此基础上广泛调查了会员单位的工作诉求，制定了"客服规范工作方案"。2010 年 10 月，协会组织开展了首届银行业优秀客服中心评选活动，在全行业掀起了"比学赶帮超"的热潮。

2011 年 6 月，为了深入贯彻银监会关于加强客服条线规范化建设的指示精神，应广大会员单位要求，中国银行业协会成立客户服务中心联席会。联席会成立三年来，在中国工商银行、中国建设银行两届主任单位的带领下，以"促进银行业客服中心科学规范发展"为使命，以"提升客户满意度和行业美誉度"为目标，组织各成员单位开展了一系列卓有成效的工作。一是加强客服条线规范化建设，首次制定了适应银行业特点的客服中心评价标准（CBCCS-1000），为行业发展提供明确指引；二是加强信息交流，开展业务数据共享并编发《客服行业简报》，为成员单位全面了解行业发展状况、评估业务发展态势提供了决策参考；三是组织"单一客服中心与综合客服中心的比较研究"、"客服中心价值研究"、"多点运营客服中心管理模式研究"、"商业银行客服中心服务品质研究"等多项课题，深入研究客服中心发展特点，探索变化趋势，为行业发展提供参考；四是针对热点、难点开展多层次业务交流与培训，组织编写了《银行业客服中心从业基础知识》，首次系统总结了银行业客户服务中心理论知识与服务实践，进一步促进业务学习与创新；五是开展优秀客服中心和"客服明星"评选，推动行业良性竞争，促进各成员单位更加注重品质管理、服务创新和人才培养，行业服务能力和水平再上新台阶；六是开展"寻找好声音"业务技能竞赛活动，充分调动了广大基层员工的工作积极性与学习热情，展现了客服人员良好的精神面貌与服务风采，有力地促进了客服人员专业技能的提高和整体服务水平的提升；七是组织开展"媒体开放日"系列活动，透过新闻媒体，让广大消费者真正"走近客服、认识客服、了解客服"，充分展示了客服人员热情、专业、耐心、细致的服务形象。

目前，行业平台已初步建立，自律、交流、合作、协调机制初步形成，推动落实客服规范相关工作方面已经取得了突破性进展。截至 2013 年末，联席会的成员单位已从成立之初的 39 家发展到 67 家。在联席会的积极引领下，银行业客服中心的发展建设将不断完善，服务水平将不断提升。

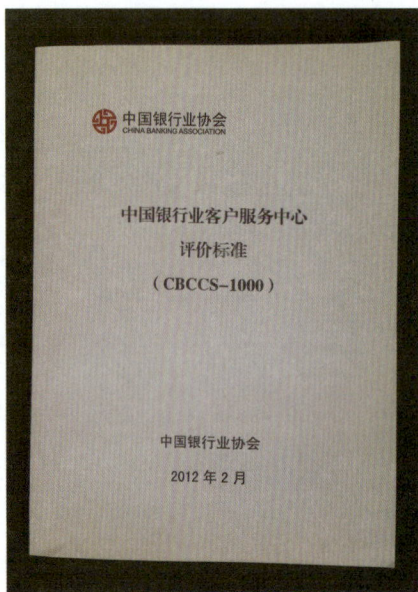

图 1-1　银行业客服中心评价标准

图 1-2　客服行业简报

图 1-3　中国银行业协会客服中心联席
会课题成果

图 1-4　银行业客服中心从业基础知识

第二节　内部环境

一、银行服务战略转型的影响

客户服务中心是银行贯彻落实整体战略、开展全行客户服务的重要渠道之一，因此，银行的整体战略定位，尤其是全行客户服务的战略定位，对客服中心的建设和发展方向起到了决定性的作用。

从银行整体发展战略的变革过程不难看出，各行对客服中心的战略定位均经历了从单一的服务中心，到兼具服务中心、交易中心、信息中心、营销中心，再进一步到价值中心的演变过程，即一个从"无"到"有"再到"优"的过程。银行业客服中心的价值定位，也从最初全行业务的售后环节附属职能部门，逐渐成为全行战略规划中越来越不可忽视的重要一环。

尤其是近几年，各行对客服中心的服务价值提升在服务战略中的重要作用越来越重视，从全行战略角度去制定客服中心的发展规划、定位发展方向，并切实将全行业务发展战略、区域发展战略、服务发展战略落实到客服中心的每一个流程环节中。同时，根据全行区域业务规划开展多点化运营，从战略层面集全行之力，调动总行、分行、支行三个层级的资源来共同做好客户服务工作，满足客户多样化的服务需求，最大化提升客服中心的价值。

二、银行组织架构变化的影响

银行组织架构与整体战略定位息息相关。伴随着银行服务战略的转型，客服中心作为一个直接面向客户开展业务的部门，其组织架构也随银行内部组织架构体系的变化而不断调整升级，组织地位不断提升。

商业银行客服中心在建设初期，大多分散在分行零售业务管理部门，只是一个组的概念。随着集中式客服中心的建设和业务的上收，各行在总部零售业务部、电子银行部、渠道管理部等部门下设立处室，直接负责全行客服中心业务的运营。随着业务和人员规模的快速增长以及多点中心的建设运营，绝大部分银行已将客服中心升级为总行的一个二级部门，并赋予其对相关部门、分支行配合情况的考核权限等。更有一些银行客服中心因其重要的服务职能而被定位为总行一级部门，如招商银行远程银行中心、浦发银行借记卡客服中心等。

三、银行成本控制因素的影响

客服中心人员规模的扩张，场地、人力方面投入的增加，必然带来运营成本的增长，银行对客服中心的成本控制提出了更高的要求。目前，各行为提高服务效率、降低运营成本，主要从提升人均产能、业务分流和流程优化等三个方面着手。

一是提升人均产能，这是银行业客服中心发展过程中始终面临的重要挑战之一。银行业客服中心属于劳动密集型行业，人力成本是其运营成本中最大的组成部分，人均产能的提升，很大程度上体现了客服中心的服务效率和服务价值。二是业务分流，即通过新技术的应用，不断完善和充实智能自助语音、短信银行、智能机器人、微信银行、在线客服等多种自助渠道的服务和交易功能，引导客户更多使用自助功能办理业务，减少对人工服务的依赖，尽可能降低人工业务量在整体业务量中的占比，从而实现对人力成本的控制。三是流程优化，服务流程和管理流程直接决定着对资源的使用和调度是否合理，因此流程设置是否合理，在较大程度上影响着客服中心的服务效率和管理效率。客服中心需要根据实际情况对管理流程和服务流程不断优化，开展精细化管理。

第三节　发展历程

自 1999 年我国第一批银行客户服务中心建立至今，银行业客服中心经历了萌芽创建、飞速发展阶段，再进入到现在的成熟运营和战略转型阶段，银行业客服中心的经营模式也经历了分散经营、集中上收和多点化运营的变迁，服务渠道也从传统单一的人工电话服务渠道，向人工、自助语音、邮件、在线等多渠道服务模式发展，逐步发展成为集电话、邮件、短信、网络、移动互联、多媒体等多种服务渠道于一体的客服中心。

一、初创期——萌芽创建和分散运营（1999—2004 年）

1999—2004 年，是银行业客服中心初创期，对客服中心的定位只是一个咨询服务中心，是作为全行业务售后环节的附属职能部门。对大多数银行业客服中心而言，是一个从"无"到"有"的阶段。

1999 年开始，以工商银行、招商银行为代表的第一批银行业客服中心相继成立，为广大客户提供集中的咨询、建议与投诉受理服务。此时的客服中心还处于一种分散的、经验化的经营阶段，缺乏全行统一的服务流程，没有知识库系统提供标准化的业务参考，服务方式局限于以电话为纽带的客户自助查询和人工辅助服务。在这个阶段，客服中心的职责只是在工作时间内负责接听电话、解答客户咨询、受理客户投诉和建议，只能帮助客户办理简单的账户查询等业务，甚至不提供任何交易功能。同时，受制于人力成本和资源限制，客服中心一般只开通了工作时间人工服务，尚未实现 7×24 小时人工服务。在初创期，大多数银行业客服中心是"分散的客服热线"。

二、扩张期——服务能力持续增强（2005—2009 年）

2005—2009 年，随着客户规模的快速增长以及对远程服务需求的不断增加，银行业客服中心迎来了快速发展的扩张期。客服中心的业务量大幅提高，客服团队规模快速扩充，服务水平持续提高，银行业客服中心进入一个从"有"到"优"的阶段。

在这一时期，客服中心的人员规模不断壮大，早期建立的客服中心从初创期的几十人迅速扩张到成百上千人。技术的高速稳定发展为集中式客服系统建设提供了必要的支撑，为提升服务水平并降低运营成本，各行逐步建设了集中式的客服中心。对分散在各地的分中心，各行开始进行上收，对分散在各地的系统、业务和人员进行整合和汇编，逐步实现了全行客服中心的集中运营、集中监控、人员集中管理等。客服中心的全行整合不仅解决了系统平台各地重复投入建设的问题，还大幅提高了业务营运管理水平，确保了客户服务体验的一致性。客户服务中心的角色定位也由原来的单一咨询服务中心，向集咨询中心、交易中心、营销中心和信息决策支持中心为一体的综合性服务中心转变。

在这一阶段，银行业客服中心的服务水平有了大幅度提高，实现了 7×24 小时的全天候人工服务，服务流程和服务标准均得到了统一。服务渠道和服务手段也不断推陈出新，服务渠道由单一的电话服务逐步扩展至覆盖电话、短信、电子邮件、网络社区、在线客服等多种远程服务渠道；服务内容由单纯的咨诉类服务延伸到集咨诉受理、交易办理、客户营销、投资理财和客户关系管理于一体的综合性金融服务；服务方式由全体客服代表提供大而全的粗放式服务发展到兼顾业务全能与专业侧重的精细化服务；服务语种由单一的中文服务逐步扩展至多语种服务。

业务规模的迅速扩张与服务能力的持续增强，使得银行业客服中心对网点、电子渠道、自助设备等渠道的替代作用和协同作用日渐突出，客服中心的服务价值和渠道价值不断显现。

三、转型期——服务价值逐步提升（2010 年至今）

自 2010 年以来，银行业客服中心进入战略转型阶段，即集中多点运营时期，是一个服务价值逐步提升的阶段。

多点化运营是这个阶段最显著的特征之一。随着客服中心规模的快速扩展，出于区域发展战略、风险、场地、成本、政策、环境等各种因素的考虑，银行业客服中心逐步开始建立分部运营中心，以承载总部分离出来的业务量或新增的业务量，实现运营灾备，并呈现出一种新型的多点化、分散化运营模式。其中，也有部分银行客服中心是在集中上收的过程中，逐步整合为几个分部运营的格局，如工商银行 95588 客服中心、建设银行 95533 客服中心。然而，此时的分散化运营模式与第一个阶段有着本质的区别，虽然业务仍分散给几个点承载，但在系统的支撑下，系统、数据是集中的，由总部统一管理、集中监控，服务内容、服务流程、服务标准、服务手段等都是统一的，确切地说，只有场地和人员是分散的，而对资源的调度却比任何时候都要高效。

银行业客服中心的服务价值提升和战略转型也成为这个阶段发展的重点。随着客服中心的运营成本不断攀升，各客服中心开始思考并逐步走上经营转型的道路。一方面，着力探索更加智能化的服务方式，以技术创新推动客户服务自助，将人力资源投放到更具专业性和复杂性的业务上；另一方面，积极探索服务和营销相结合的方式，变被动服务为主动经营，逐步提升服务价值。此阶段的典型代表如招商银行，作为客服中心经营转型的先行者，招商银行电话银行中心于 2010 年 3 月更名为"招商银行远程银行中心"，在业内首推"空中银行"，创新"空中贷款"、"空中理财"、"空中直销"等"空地对接"新模式，开展客户服务、客户关系管理与价值挖掘，成为招商银行重要的综合化经营服务渠道。

第二章
银行业客服中心的发展现状

　　随着银行业的迅猛发展和客户需求的日益增长，银行业客服中心也呈现出日新月异的蓬勃发展态势。近年来，客服中心的人员队伍不断壮大，服务规模持续扩展，服务能力不断增强，2013年已实现集咨询受理、交易办理、客户营销、投资理财和客户关系管理为一体的综合性金融服务，客户接触已扩展至电话、短信、电子邮件、在线客服、微博、微信、视频等全部远程渠道。与此同时，客服中心通过不断地探索与创新，力求为客户提供更优的服务，为银行创造更高的价值。

第一节　客服中心及人员情况

一、客服中心全面建立

　　客服中心是银行以最集中的服务资源、最统一的服务流程和服务标准为客户提供远程化金融服务的重要渠道。2013年，银行业客服中心联席会67家成员单位中，包括大型商业银行和邮政储蓄银行客服中心11家、股份制商业银行客服中心19家、城市商业银行客服中心17家、农村商业银行及农村信用社客服中心19家，以及1家外资银行客服中心；从业务类型来看，受理全行各类业务的综合型客服中心26家、以借记卡等业务为主的传统银行业务客服中心27家、信用卡客服中心14家。

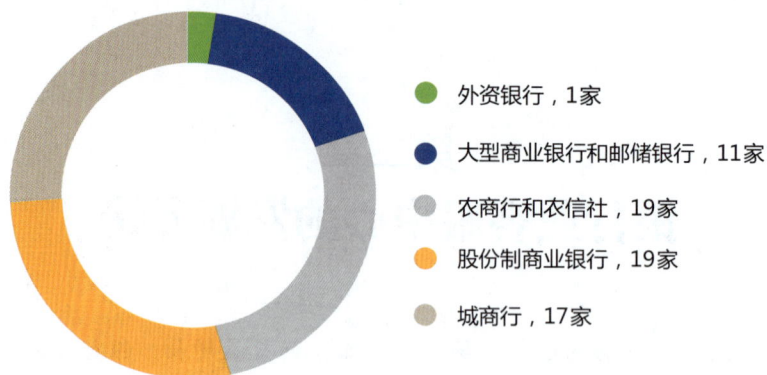

- 外资银行，1家
- 大型商业银行和邮储银行，11家
- 农商行和农信社，19家
- 股份制商业银行，19家
- 城商行，17家

图2-1　2013年银行业客服中心分类

在名称上，各家银行的客服中心呈现出了个性化的命名理念，或突出其产品品牌，如工商银行牡丹卡中心；或凸显其发展定位，如招商银行远程银行中心；或突出其主流渠道，如建设银行电话银行中心；或强调其服务理念，如光大银行电子银行部客户满意中心等。

二、从业人员迅猛增长

近三年，银行业客服中心的从业人数呈现出迅猛增长的趋势。截至 2013 年末，全行业客服中心从业人员已达 4.5 万人，较 2012 年增加 15.4%，较 2011 年增加 28.6%。其中，员工人数超过 1 000 人的大型客服中心已达到 19 家，占比近 19.4%；员工人数在 100~1 000 人之间的中型客服中心已达到 16 家，占比 16.3%；员工人数在 100 人以下的小型客服中心达到 63 家，占比 64.3%[①]。

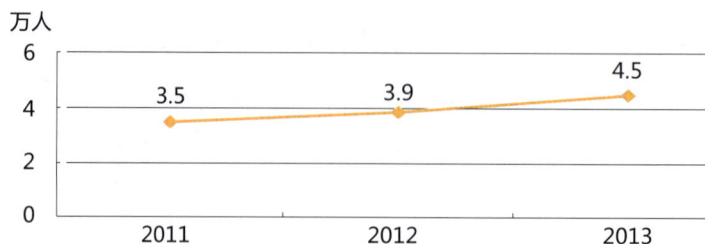

图2-2　2011—2013年客服中心从业人数增长情况

---

① 数据来源：《中国银行业服务改进情况报告（2011—2013）》。

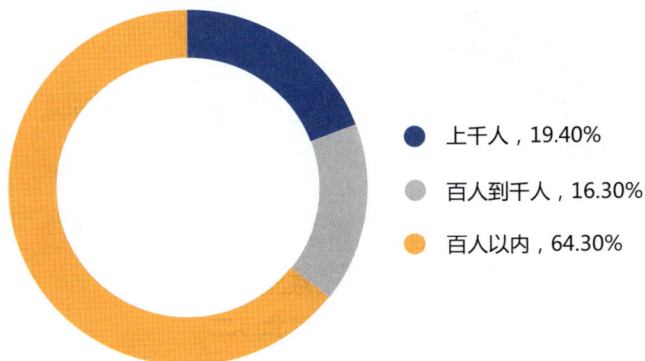

上千人，19.40%

百人到千人，16.30%

百人以内，64.30%

图2-3　2013年客服中心人员规模

从学历构成来看，根据课题组调研[1]，2013 年银行业客服中心的从业人员中，本科和专科学历的员工是主要构成部分，分别占比 57.56% 和 39.10%；硕士研究生及以上学历的员工占比为 2.60%；专科以下的员工占比为 0.75%。

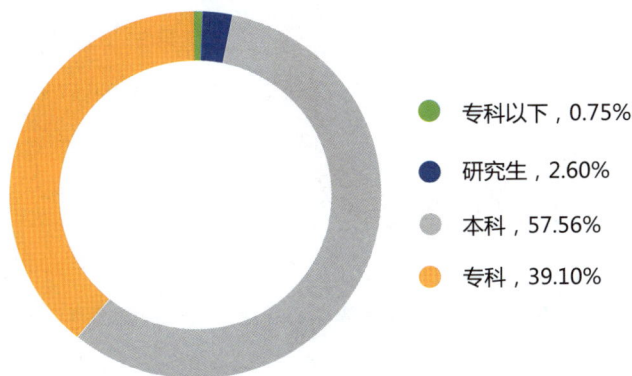

专科以下，0.75%

研究生，2.60%

本科，57.56%

专科，39.10%

图2-4　2013年客服中心从业人员学历情况

从年龄构成来看，2013 年银行业客服中心的员工呈现出年轻化的特点，其中 80 后员工最多，占比 59.14%；90 后员工占比 17.07%；其他年龄阶层共占 23.79%。

---

[1]　为编写《中国银行业客服中心发展报告（2013）》，课题组于 2014 年 3 月面向全行业展开了问卷调研，参与问卷填写的客服中心共 54 家，包括：大型银行客服中心 8 家，邮政储蓄银行客服中心 2 家，股份制银行客服中心 17 家，城市商业银行客服中心 13 家，农村商业银行和农村信用社客服中心 14 家。非特别注明，本报告数据均来源于课题组调研。

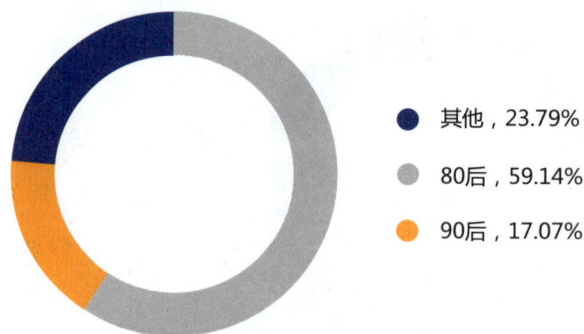

其他，23.79%

80后，59.14%

90后，17.07%

图2-5   2013年客服中心从业人员年龄情况

从性别构成来看，2013 年银行业客服中心的男女员工占比约为 33：67，女性员工数基本为男性员工的两倍。

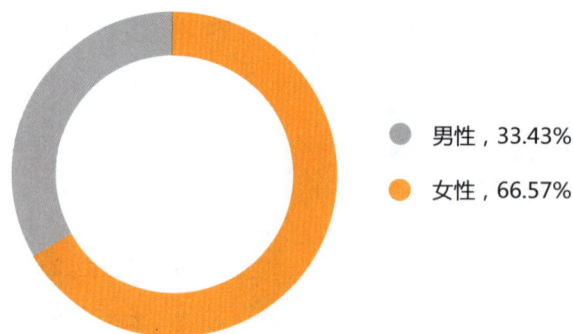

男性，33.43%

女性，66.57%

图2-6   2013年客服中心从业人员性别情况

第二节 电话渠道服务开展情况

作为客服中心最主要的服务渠道，电话渠道依托于人工客服和语音（IVR）自助服务两大方式为客户提供 7×24 小时不间断的远程金融服务，真正成为客户触手可及的"永不打烊"的银行。

2013 年，银行业客服中心电话渠道个人客户数达到 61 448.97 万户，企业客户数达到 565.24 万户；电话渠道交易总量达 29.69 亿笔，交易总额 4.71 万亿元①。电话渠道从人工服务质量到自助服务功能均不断提升优化，服务品牌更加趋于统一，服务细分逐步加强。

一、人工服务质量显著提升

（一）电话人工接通率逐年上升

2013 年，银行业客服中心电话人工服务客户 9.7 亿人次，接通率达 90.64%，较 2012 年提升 1.14 个百分点，较 2011 年提升 6.04 个百分点，人工接通率逐年上升。

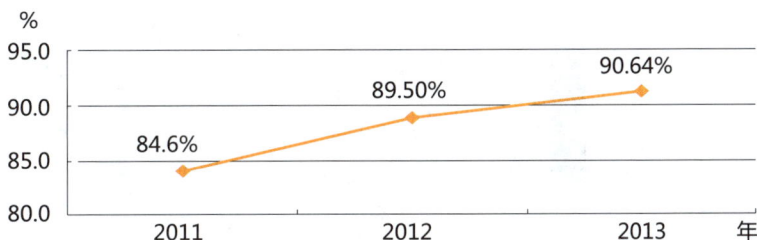

图2-7　2011—2013年客服中心电话人工接通率

其中，62% 的客服中心电话人工接通率高于全行业平均水平，超过两成的客服中心电话人工接通率达到 95% 以上。

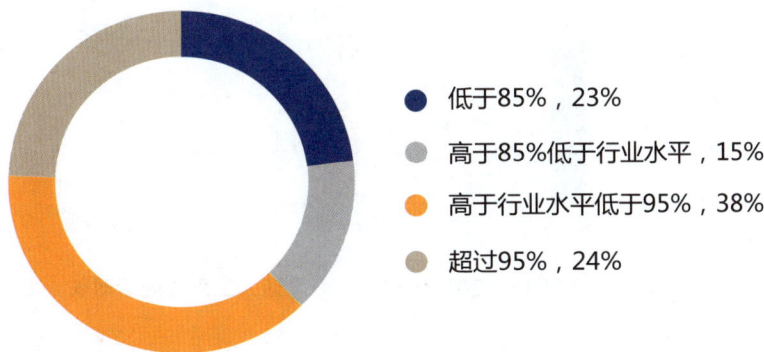

低于85%，23%

高于85%低于行业水平，15%

高于行业水平低于95%，38%

超过95%，24%

图2-8　2013年客服中心电话人工接通率行业水平分布

---

① 本节数据均来自《中国银行业服务改进情况报告（2011—2013）》。

从服务水平来看，2013 年银行业客服中心 20 秒服务水平（即 20 秒接通率）达到 71.98%，超过七成的客服中心高于行业平均值；其中，有 60 家客服中心 20 秒服务水平达到 80% 以上，较 2012 年增加 12 家。

（二）客户应答速度持续加快

近三年银行业客服中心电话人工服务平均应答速度逐年加快，2013 年平均应答速度为 18 秒，分别较 2012 年、2011 年提高 2 秒和 6 秒。其中，近七成的客服中心人工服务平均应答速度优于行业平均水平。

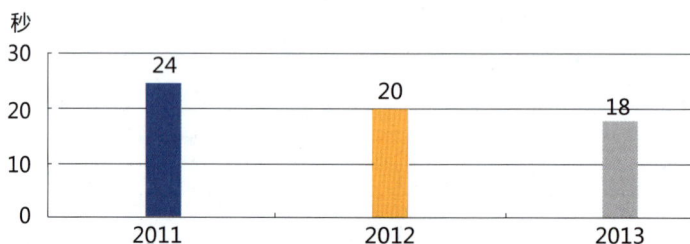

秒
30
24
20   20
18
10
0
2011   2012   2013

图2-9 2011—2013年客服中心电话人工平均应答速度

从平均通话时长来看，2013 年银行业客服中心电话人工服务平均通话时长为 147 秒，与 2012 年持平，较 2011 年下降 2 秒，其中近五成的客服中心平均通话时长优于行业平均水平。

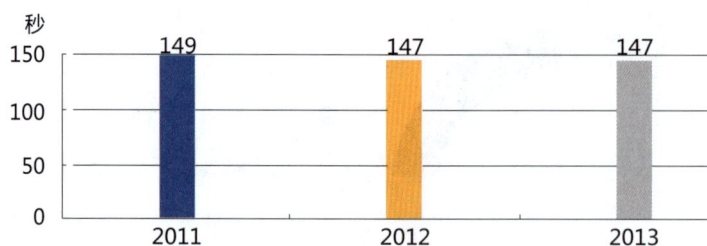

秒
150   149   147   147
100
50
0
2011   2012   2013

图2-10 2011—2013年客服中心电话人工平均通话时长

（三）客户满意度稳步提高

在确保人工电话接得通、接得快的同时，银行业客服中心以客户为本，努力提升电话服务品质。一是优化电话菜单设计，将"人工服务"设置在菜单首层靠前位置，方便客户快速查找电话人工服务；二是开设"投诉及建议"专属通道，以便更加快速地受理客户投诉和建议等。银行业客服中心的电话人工服务通过大力推进各项改进措施卓有成效地获得了客户满意度的提升。

根据语音自助满意度调查，近三年银行业客服中心的电话人工服务客户满意度持续上升，2013 年电话人工服务的客户平均满意度达到 97.91%，比 2012 年、2011 年分别提高 0.52 个和 1.13 个百分点。其中，客户满意度在 98% 以上的客服中心达到 67 家，较 2012 年增加 20 家。自 2012 年以来单家客服中心客户满意度最低水平已提升至 80% 以上。

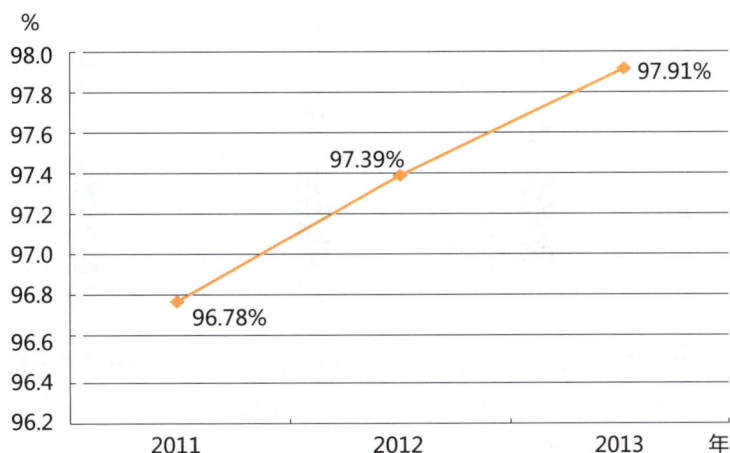

图2-11 2011—2013年客服中心电话人工服务客户满意度走势

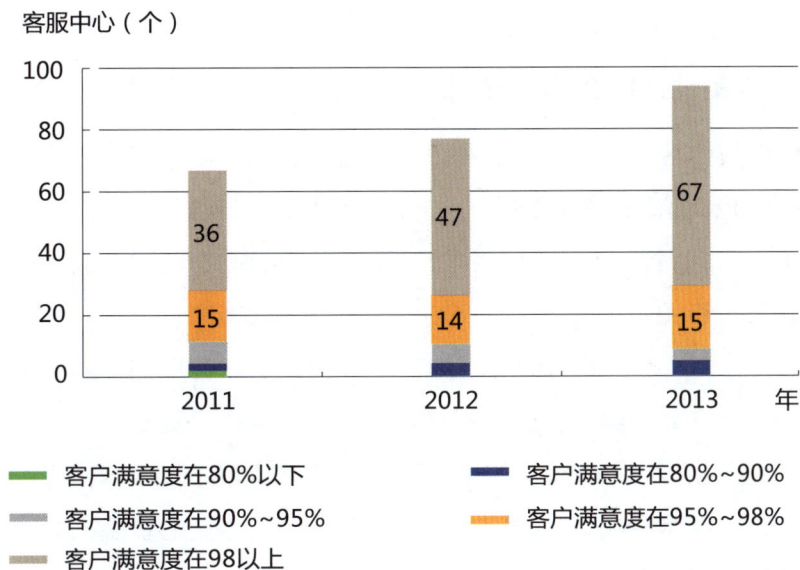

图2-12 2011—2013年客服中心电话人工服务客户满意度分布

二、自助服务功能不断优化

语音自助服务是电话渠道中除人工服务外的另一重要服务方式。通过银行业客服中心的不断努力，语音自助服务受到了越来越多客户的青睐。2013 年，银行业客服中心的电话渠道 IVR 平均使用比例达到 65%，其中 30 家客服中心的使用比例在 80% 以上，较 2012 年增加 9 家。

客服中心（个）

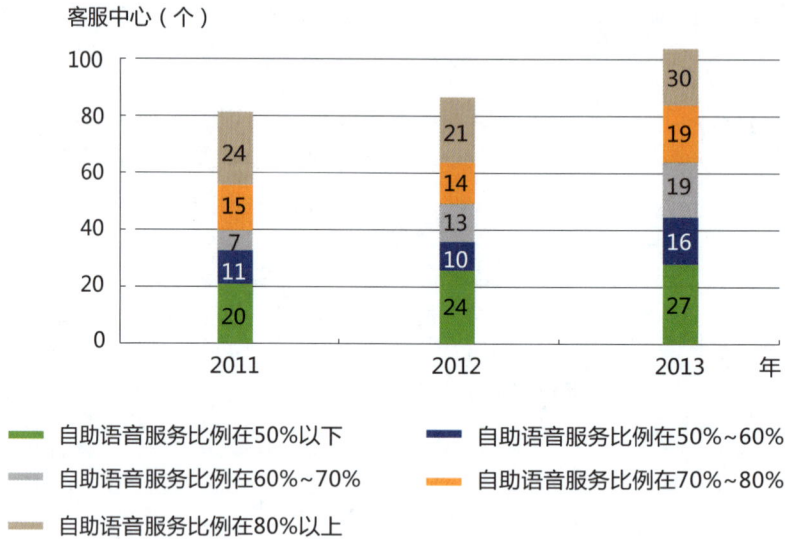

图2-13　2011—2013年客服中心电话语音自助服务比例

（一）IVR 设计以客户为导向

为更好地契合客户的自助服务需求，银行业客服中心将"客户导向"作为电话渠道 IVR 设计和优化的主体思想。一方面，不断丰富 IVR 可办理的业务种类，拓展 IVR 的服务功能，提高 IVR 的可用性，如增加 IVR 开户行信息查询功能和相应的短信发送功能，设置系统升级、业务变更等与客户密切相关的 IVR 语音播报等。另一方面，对 IVR 菜单的使用情况进行科学分析，按照客户偏好对菜单进行人性化的设计，精简冗余的层级，屏蔽不必要的信息，将布局更加友好、操作更加便捷的 IVR 菜单展现在客户面前，例如，将"挂失"等紧急类业务菜单设置在 IVR 中的显著位置，确保客户在第一时间冻结账户，避免不必要的资金损失；设置动态菜单播报功能，根据客户输入的账号类型及业务开通情况，有针对性地向客户展现相关菜单内容；严格按照监管机构要求，避免在菜单中放置产品营销类广告信息等。

服务案例：建设银行信用卡中心动态 IVR 菜单

2010 年 5 月，建设银行信用卡中心创新性地推出了自助语音动态菜单系统。自助语音动态菜单通过提前分析客户特征,预测客户需求的方式,为客户提供简洁、个性化的语音菜单和服务提示。

与以往电话自助服务模式单一、缺乏灵活性不同，自助语音动态菜单系统能根据来电客户的实时信息判断客户需求，为客户提供动态的语音自助服务。例如，对于未开卡的新客户，系统会将无须使用的菜单移除，将开卡密码设置、额度查询等新客户使用频率较高的菜单前置；对于接近还款期限的客户，系统会在客户进入时自动播报客户本期账单，第一时间让客户了解还款情况，若客户发生逾期，系统也将及时提醒客户还款及账户状态；而对于高端客户，动态菜单系统则会优先提供人工服务选项。

自助语音系统以科学的方法分析客户的特征和操作习惯，对不同的客户提供个性化的动态菜单，不仅为客户节省了在系统中的操作时间，起到了提升客户体验的作用，更有效降低了银行的运营成本。

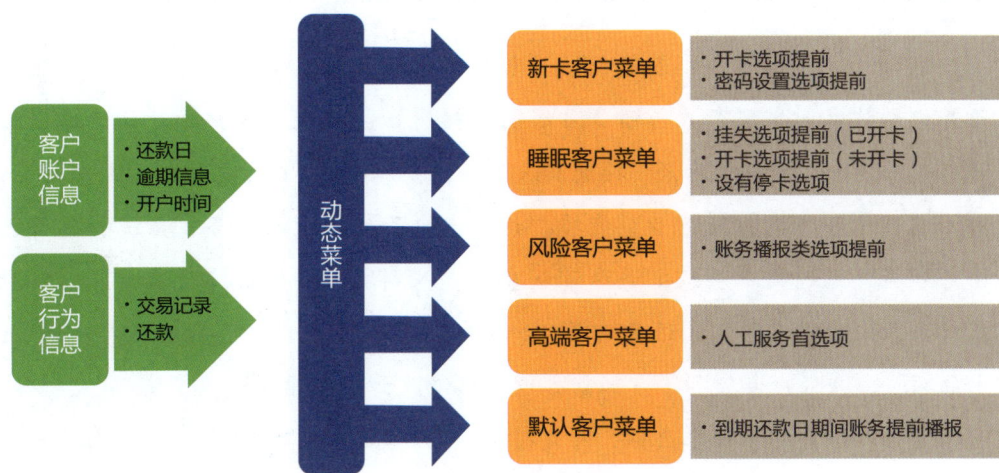

图2-14　建设银行信用卡中心动态IVR菜单

（二）智能导航实现技术新突破

为向客户提供更加智能化的 IVR 操作体验，银行业客服中心不断拓展思路，积极探索各项新技术在 IVR 中的运用。其中，语音智能导航服务实现技术新突破，将自然语言的语义分析系统与 IVR 语音系统对接，为客户创新提供智能、便捷的电话语音导航方案。

服务案例一：中信银行语音智能机器人 CC

2012 年 2 月 10 日，中信银行客服中心在电话渠道推出了基于语音识别技术的智能机器人 CC，成为国内首家为客户提供智能语音服务的银行。

对客户来说，智能机器人 CC 就是虚拟的客服代表，客户只要通过话筒与 CC 进行简单对话，就可轻松实现业务需求，免去了按键的不便和繁琐。例如，系统向客户提出开放式的问题"您好，请问有什么能为您效劳"，客户可以以一种自然的语调来表达需求，随后交由自助服务应用来处理，或转接给相应的人工客服代表。对客服中心来说，智能机器人 CC 突破了电话数字键盘的局限，实现了语音菜单的扁平化，提高了电话银行的自动化客户服务能力，从而实现对人工服务的有效分流。

服务案例二：华夏银行电话银行语音智慧导航

2013 年 11 月 23 日，华夏银行语音智慧导航功能正式上线。智慧导航功能利用语音识别技术，实现客户与语音系统的直接对话，缩短了客户等待语音播报的时间，省去了手工按键的麻烦。接通 95577 后，客户选择"6 与智能机器人对话"，在对话过程中可随意打断语音，直接"说"出自己想办理的业务，系统将自动进行语义分析，越过菜单层级，迅速带领客户进入到所需要的最终交易节点，实现为客户个性化的一步到位的语音选择。如客户需查询余额，可直接说出："余额"、"卡余额"、"账户余额"等；如需办理密码修改，可直接说出："密码"、"修改密码"等；如需办理转账业务，可直接说出"转账"、"汇款"、"卡内转账"等。智慧导航的推出引领华夏银行客户全面进入智慧金融生活时代。

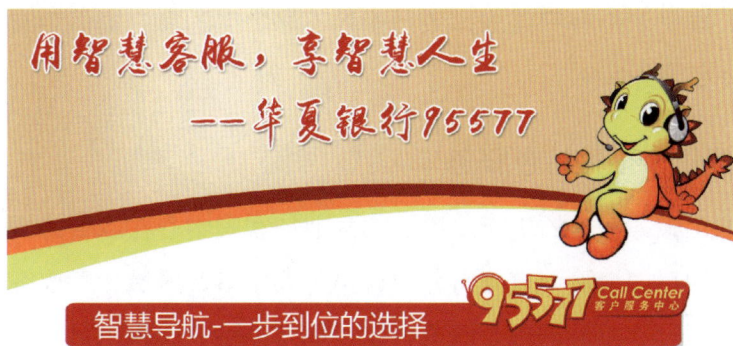

图 2-15　华夏银行智慧导航宣传图

三、客户服务品牌趋于统一

服务号码是银行业客服中心最重要的服务标识，代表着银行在客户心目中的品牌形象。目前各家银行客服中心主要采用以 400、800、95、96 开头的四大类客户易识别的服务号码，其中以 400、800 开头的号码多用于信用卡客服中心，以 95、96 开头的号码多用于借记卡及综合类型的客服中心。随着客服中心服务范围的持续扩大，服务影响力的不断增强，代表着各家银行品牌形象的客户服务号码也呈现出逐渐统一的趋势。

从服务号码的地域覆盖范围来看，2013 年 73% 的银行客服中心（包括大型商业银行、股份制商业银行，以及部分城市商业银行）都提供了全国性的服务号码，客户在境内（港、澳、台地区除外）任意区域均可直接拨打统一号码接入客服中心；27% 的银行客服中心（包括部分城市商业银行以及农村商业银行、农村信用社）仍使用区域性的服务号码，客户在不同区域拨打的服务号码尚未实现统一。

此外，部分采用信用卡业务和传统银行业务双号码接入的银行逐渐开始对服务号码进行整合，即同一家银行的客服中心，不区分所辖业务类型，统一使用一个接入号码。例如，招商银行已实现远程银行中心和信用卡客服中心的服务号码整合，无论是借记卡客户或信用卡客户，均可拨打统一的服务号码 95555 接入客服中心。

四、客户服务细分逐步加强

在统一服务标准、打造服务品牌的基础上，各家银行客服中心进一步通过细分客户群体、准确识别客户需求，致力于为不同类型的客户提供更有针对性、更具个性化的专业服务。

（一）提供多语种特色服务

随着精细化服务理念的不断加深，部分银行客服中心在以普通话为基础服务语种的同时，为尽力消除语言障碍，拉近与不同年龄、区域、民族客户群体之间的距离，根据银行营业机构布点情况，以及地方语种、民族语言在特定地区的普及性等因素，特别开设了少数民族语种服务或方言服务。例如，内蒙古自治区农村信用社联合社客服中心开设了蒙语服务，建设银行电话银行中心、招商银行远程银行中心开设了粤语服务，浙商银行客服中心开设了浙江方言服务，上海农商银行客服中心开设了沪语服务等。

同时，为适应银行经营国际化的发展趋势，较多客服中心还建立起专门的外语服务团队，为外籍客户提供金融服务。例如，建设银行电话银行中心建立了英、日、俄等多语种服务团队，浦发银行信用卡中心拥有日语服务团队等。此外，在大型体育赛事、国际性展览等活动举办期间，银行业客服中心通常在已有服务语种的基础上，积极与语言机构合作，拓展服务语种范围，为来自世界各地的客户提供语种更加丰富的服务。

（二）重点业务专线服务

为配合全行的业务发展，加速重点业务推进，部分银行客服中心开设了特定的业务专线，如民生银行小微金融服务专线、招商银行小微贷款专线等。业务专线可以为客户提供针对银行特定产品或服务的更加深入的咨询和帮助，并能将客户信息和需求及时、准确地传递给业务审批、办理部门。业务专线的建立，使得客服中心与营业网点、贷款中心等前台业务部门切实形成了有效互动、紧密协作的多维度高效业务开展模式，满足了客户"一站式接入、一条龙服务"的需求，开创了银行获取客户资源和开展产品营销的新渠道。

（三）高端客户专属服务

为了对高端客户群体提供更具针对性的服务，部分银行客服中心开设了高端客户服务专线，甚至建立了专属的高端客户服务中心。符合银行特定金融资产条件的高端客户可直接拨打专属的服务号码接入，或者拨打统一服务号码后由系统或人工识别并转入高端服务专线，享受咨询、交易、理财等服务，以及专属的预约、增值类服务（包括高尔夫联系预约、健康医疗服务预约、机场贵宾厅预约、道路救援服务等）。

（四）行内员工专线支持

在做好外部客户服务的同时，部分银行客服中心还为行内员工提供业务咨询和支持服务，如建设银行、交通银行、兴业银行、招商银行等客服中心均开设了行员专线，为行内员工提供诸如行内系统操作咨询、电子银行报错咨询、客户关注问题解释等。行内员工专线的建立有助于统一前后台业务一致性，为前台员工服务客户提供了更好的业务支持。

第三节　互联网和短信渠道服务开展情况

一、互联网服务丰富多样

随着网络信息技术的不断发展，互联网逐渐成为银行业客服中心除电话外的另一重要客户服务渠道。课题组调研结果显示，2013 年，69% 的客服中心已实现互联网渠道的在线客服服务，48% 的客服中心为客户提供电子邮件服务，39% 的客服中心提供网站留言回复服务，43% 的客服中心推出微信服务，33% 的客服中心推出微博服务，13% 的客服中心提供论坛回复服务。

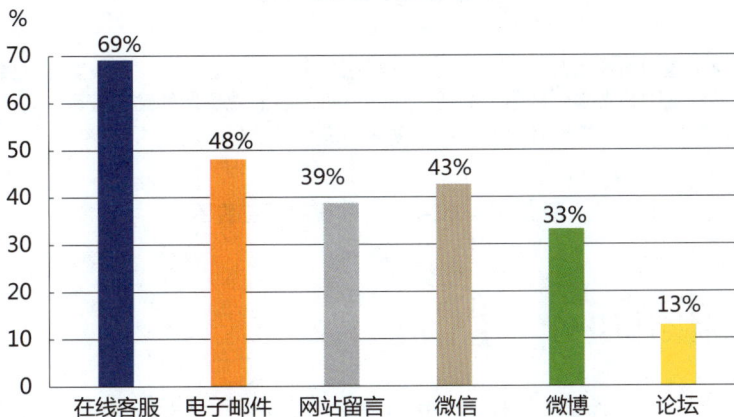

图2-16　2013年客服中心互联网渠道开通情况

在服务规模上，招商银行远程银行中心、交通银行电子银行部客户服务中心等大型客服中心的互联网渠道年服务量已达到数百万人次。

网站在线客服是目前互联网服务渠道中客户覆盖面最广的服务方式。绝大多数开通网上在线服务的客服中心已实现与客户的实时交流。在服务内容上，各家银行客服中心均能为客户提供一般的银行业务咨询和电子渠道的操作指引；部分客服中心如交通银行电子银行部客户服务中心、北京银行信用卡客户服务中心等已实现了网站在线的账务信息查询服务。

在电子邮件、论坛、微博和网站留言服务渠道，各家银行一般为客户提供营销活动推荐、银行业务咨询等服务，此外信用卡客服中心还可通过电子邮件的方式为客户提供电子账单寄送服务。

图 2-17   工商银行在线客服宣传图

二、社交新媒体服务飞速发展

当前的中国互联网行业，社交网络已成为最热门的领域之一，是中国网民最活跃的场所。2010 年至今，银行业客服中心陆续在新浪微博、腾讯微博、微信、易信等各大主流社交新媒体注册官方账户，将服务触角进一步延伸，成为银行信息发布、营销推广、客户服务、舆情监控的新渠道。尤其以微信为代表的社交网络，越来越多地在银行业客服中心中得到应用。客户关注银行微信公众号码之后，可收到银行精心推荐的优惠活动等资讯。此外，如果通过银行微信服务安全验证或绑定银行账户，不仅可以实现借记卡账户查询、转账汇款、信用卡账单查询、还款、积分查询等卡类业务办理，还可以完成网点查询、贷款申请、办卡申请、手机充值、生活缴费、预约办理和跨行资金归集等多种便捷操作。客户可以通过微信自助完成上述业务，也可以发起与银行客服代表点对点交互，由客服代表办理。

2013 年，微信银行得到了飞速发展，已有 43% 的银行业客服中心推出微信服务。截至 2013 年末，微信银行个人客户已达到 290.94 万户，企业客户达到 4.46 万户，全年交易总量达到 850.76 万笔，交易总额 6.65 亿元[①] 。

服务案例一：招商银行信用卡"微客服"

2013 年，招商银行信用卡客服中心率先推出招行信用卡智能"微客服"平台，提供"微信客服"和"QQ客服"服务模式，实现客户通过智能机器人"小招"进行自助操作，也实现客户与客服代表的随时随地点对点沟通，使客户体验更为轻松自由，更符合时尚人群的使用习惯。该行微客服可以为客户发送账单、消费提醒、还款提醒、优惠商户等账务信息或资讯，客户也可以通过微客服办理申请调高信用额度、查询修改个人资料、快速还款等业务。截至 2013 年末，招商银行信用卡"微客服"可为客户提供服务项目达到 94 项，业务覆盖率达到 85%，全年自助应答量超过 7 500 万次。

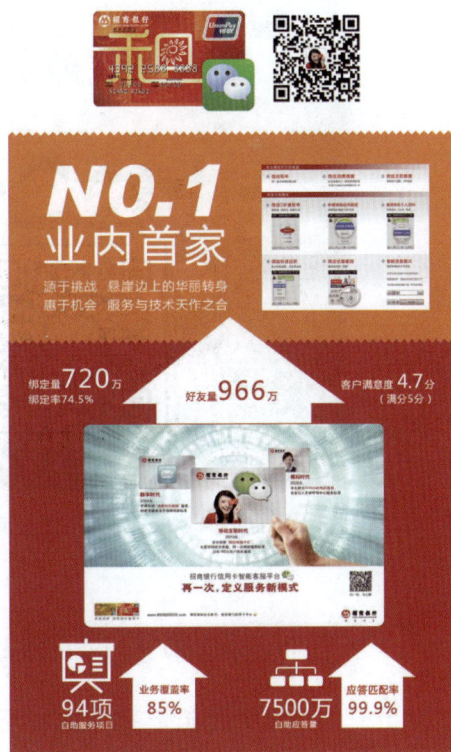

图 2-18　招商银行微客服宣传图

---

① 数据来源：《中国银行业服务改进情况报告（2013）》。

服务案例二：上海浦东发展银行信用卡"微客服"

上海浦东发展银行信用卡中心于2013年12月向公众开放官方微信服务平台，可以为客户提供各类业务咨询、个性化市场活动信息查询，客户也可以进行信用卡申请、激活、挂失、还款、万用金、维护账户信息等业务办理，该行信用卡微客服已基本覆盖客服热线所具有的基础服务功能。

"微客服"快速高效地满足客户各项业务服务的需求，客户满意体验得到快速提升。截至2013年末，该行已有16万客户使用信用卡微客服，服务客户人次亦达到12万人次，平均每日约有1.6万用户向官方微信平台发送消息参与互动或获取服务支持，平均每日信息交换量近10万笔。上线至今，已累计分流客服热线人工来电25万余通，节约相关成本118万元。

图 2-19　浦发银行微客服宣传图

三、手机短信服务方便快捷

手机短信服务是近年来各家银行为客户提供的一种成本低廉、接入方便且功能强大的服务方式。随着手机在全国范围内各年龄段、各层次用户中的广泛普及，短信服务的优势逐渐显现出来。根据课题组调研，目前各家银行的短信服务主要包括以下内容：

1. 账户变动通知、营销活动推荐、信用卡账单提醒、个贷还款提醒等银行主动发起的服务；

2. 客户在网上、电话等渠道办理交易时以按键触发的方式获取银行端的短信验证码；

3. 客户发送特定指令到银行服务号码进行账户查询、转账缴费等交易办理。

2012 年以来，工商银行、建设银行等多家客服中心将短信人工服务和智能机器人服务逐渐引入到短信银行的业务范畴中，客户只要编辑短信问题发送至银行服务号，即可获取智能机器人或客服代表的业务解答。

服务案例一：工商银行短信银行

工商银行短信银行包括人工和自助两种服务模式，其中人工咨询服务为同业首创。经过不断地创新发展，工商银行短信银行目前支持办理涉及金融信息、综合业务、工银信使、信用卡业务、业务设置等 6 大类超过 70 项自助业务，在同业中功能最为丰富。

在完善短信银行功能的过程中，工商银行将短信银行与门户网站、手机银行进行联动，实现了短信客服业务的多平台接入，拓展了客户获取短信服务的渠道；将微信、飞信、门户网站智能客服等文字类同质化服务与短信客服进行功能集成，实现了不同渠道客服代表的资源复用，有效提升了资源利用效率与服务标准化水平；通过持续充实完善短信银行问答知识库，有效提高了客服代表的解答效率与准确性。

2013 年，工商银行短信银行业务处理量已突破 6 000 万笔，累计服务客户超过 3 200 万人，平均业务处理时长仅 25 秒，实现了对缓和渠道人工服务的有效分流与替代。

服务案例二：建设银行短信人工服务

2012 年 8 月，建设银行正式推出短信人工服务渠道，向客户提供除账务交易外的综合性金融咨询服务。与电话、互联网等渠道相比，短信人工服务的使用门槛更低，接入方式更简单，沟通更为灵活，客户无须注册申请，只要使用手机编辑咨询内容发送至 95533，即可轻松获取相应业务信息。

建设银行不断完善短信服务功能，持续充实短信问答知识库，总结提炼文本模板，优化解答方式，卓有成效地将客户问题的标准模板覆盖率提升至 90% 以上，客服短信单笔处理时长降低至 20 秒左右；在提升短信服务能力的同时，通过交叉宣传、分流引导、延长服务时间等方式，积极推广短信渠道，使短信、电话、互联网服务优势互补，真正建立了"多点接触，一站处理"的客户服务模式。

经过一年多的快速发展，建设银行短信客服日均处理来信 8 万余条，人均处理量为传统电话服务的 4 倍，有效短信回复率达 100%，充分发挥出新兴渠道服务客户的质效优势。

第四节　服务创新开展情况

近年来，银行业客服中心紧跟信息技术前进的步伐、牢牢抓住互联网金融发展的机遇，深刻理解并把握客户需求的变化，不断锐意进取，在已有成熟的服务渠道基础上积极探索实践，通过不断丰富服务内涵，创新服务形式，拓展服务范围，大胆探索、稳妥推进适用于远程渠道，可替代网点服务，能更好地发挥客服中心集约化经营优势的业务新模式。

一、服务内涵日趋丰富

从提供简单的业务咨询发展为集服务、交易、营销、投资理财、客户管理管理等为一体的多功能服务中心,银行业客服中心不断挖掘服务潜力,提高服务能力,力求为客户提供业务种类更加齐全，内涵更加丰富的综合性金融服务。

创新案例：招商银行远程金融服务

招商银行远程银行中心始终坚持以客户为中心的经营模式创新，流程优化为抓手，大力拓展远程金融领域，致力于将远程渠道的方便快捷和面对面亲切体贴的服务融为一体。2004 年该中心推出"快易理财"业务，是同业第一家通过电话办理远程交易的银行，客户口述交易内容，即可快速办理转账汇款、基金投资、理财产品购买、缴费支付、信用卡还款等各类银行交易业务。2005 年，该中心推出"电话支付"业务，是招商银行在 POS 支付、网上支付之外开辟的又一新支付渠道，客户不论何时、不论何地，无需现金、无需银行卡，无需电脑、无需网络，只需拨打 95555，即可非常方便快捷地完成款项的支付。2010 年 2 月，该中心秉承私人银行"1+N"的服务理

图 2-20　招商银行远程金融服务

念推出"私人助理"服务，通过"私人银行全球连线"，与分行私人银行客户经理密切协作，帮助客户实现随时随地的投资理财需求，"1+N"服务团队集中全行最优质服务资源 24 小时满足客户需求。同年 3 月，该中心在国内首推"空中银行"，创新"空中贷款"、"空中理财"等全新的产品与服务，以"空地对接"的新模式开展获客、客群经营，其中"空中理财"通过服务创新，运用低成本、批量化的客户经营管理手段，以一对多的客户管理模式，实现了一对一的客户管理体验；"空中贷款"创新打造了"在线受理"、"主动授信"、"电子化签约"三大业务模式，开拓全新的"云转介"贷款拓展平台，通过"小微贷款服务专线"，为客户提供 365 天不停歇、多渠道全业务的贷款服务，实现"足不出户，就能贷款"的全新客户体验。

二、服务形式不断创新

从提供单纯的电话咨询服务发展为包含电话、短信、在线客服、电子邮件、

论坛回复、微博、微信等多元化服务渠道的远程金融服务，银行业客服中心不断创新服务理念，发掘新兴技术，致力于为客户提供覆盖更加广泛、使用更加便捷的服务新形式。

创新案例一：交通银行远程智能柜员机（iTM）服务

交通银行于 2012 年 7 月推出远程智能柜员机（iTM）服务，该服务具有智能协同、功能全面、跨越时空、布放广泛、安全可靠等五大亮点，改变银行传统单一设备与单一柜面的服务模式，转变成为以全行资源实时支撑的集约式在线服务模式，努力打造"全功能、全天候、面对面、类柜面"的微型智能网点，实现未来网点的"无人银行，有人服务"。

图 2-21　交通银行 iTM 远程服务

该服务采用先进的视频、音频技术，可靠的安全认证手段，结合远程桌面的协同，实现了强大的综合服务功能，使客户通过一台设备、一根网线，与客服中心客服代表、客户理财经理实现实时视频沟通，并以自助方式或在客服代表的帮助下进行几乎目前所有柜面业务的办理。例如，客户可以通过该机具 7×24 小时办理现金存取、银行卡发卡、存折补打、身份信息采集、资料扫描、票据收纳、回单打印盖章等银行业务，满足客户对公对私、国际国内、金融理财等全方位金融服务。

创新案例二：工商银行网上视频服务

2007 年 5 月，工商银行正式投产网上视频专区，并推出了第一档节目"专家面对面"，为客户提供市场预测和金融理念介绍等服务，使工行门户网站开行业之先河，成为国内第一家拥有自制视频节目的银行网站。

工行视频服务主要面向网站及微博客户，以网络视频的形式向其提供问题解答、产品推介、投资理财建议等服务。服务开办 7 年以来，累计制作播出视频过千期，点击量稳步增长、客户群体逐步扩大、服务模式逐渐成熟、服务效果日益显现，形成了"答疑＋宣传＋增值"的新型服务模式。

2013年，视频服务积极拓宽发展思路，完成了视频专区页面改版，并结合移动互联网发展趋势，探索在微信、微博等渠道投放"微视频"节目，进一步发挥了视频服务对业务的宣传作用。随着微信银行、智能服务等新型服务方式的深入应用推广，视频服务将融入更多服务渠道，创造更大的服务价值。

图 2-22 工商银行网上视频服务

三、服务范围积极拓展

在做好全行对外服务窗口的同时，银行业客服中心充分发挥集约化经营的优势，逐步将行内与客户关系密切的后台操作类业务和全行集中性业务转移到客服中心进行集中运作，有效地提高业务处理效率，降低分散运营成本，加深客服中心与总分行其他部门的配合度，使客服中心与客户之间的联系更加紧密。

创新案例一：光大银行自助设备集中监控

为提高自助设备的监控力度，有效发挥客服中心的渠道价值，光大银行在国内首创自助设备集中监控业务，为34家分行的近6 000台自助设备提供高效有力的运营保障。

建立自助设备吞卡快速处理流程，行内客户发生吞卡后，客服代表第一时间主动外呼通知吞卡情况，告知取卡流程、网点联系方式等，方便客户及时办理取卡手续；对他行客户，第一时间将吞卡信息传递给客服代表，以便客户致电咨询

图 2-23　光大银行自助设备集中监控现场

时准确告知客户吞卡信息和取卡手续，大幅提高客户满意度。

建立自助设备集中监控和故障响应流程，实时获取自助设备故障信息，通过系统通知和人工干预两种方式，及时将故障情况通知设备维护人员和管理人员，保证设备故障在规定的时间内得到处理和解决，有效提高银行服务效率。

建立设备使用情况数据分析机制，科学分析确定影响设备使用率的原因，提出解决方案，通过与分支行的有效沟通和业务联动，采取各类措施，提高设备的使用效率，增加设备的手续费收益。

创新案例二：招商银行远程银行中心外汇集中审核

伴随出境热的兴起，招商银行为有出国留学、旅游、商务、移民需求的客户，精心打造了"出国金融"服务套餐，为客户提供全方位、专业、贴心的出国金融服务。为提升客户体验、发挥远程渠道集约化优势，远程银行中心自 2008 年底逐步接手招商银行全行个人客户外汇集中审核业务，包括跨境汇出汇款审核、自助结售汇复核、汇入汇款集中解付、电子综合对账单抽检等跨境金融服务，为招商银行"出国金融"业务提供有力的后台支持。远程银行中心外汇集中审核促进了招商银行零售外汇服务体系从柜面渠道向自助渠道转移，同时远程集中审核能够由专人以更专业、更高效的标准完成工作量，在增强招商银行外汇产品市场竞争力的同时市场份额大幅提升。

为实现高品质、高效率的外汇后台业务集中处理，远程银行中心在专业队伍建设和业务运营管理上不断思考，努力追求人员效能最大化、系统处理模式智能化，为客户、全行创造更大的服务价值。近年来，远程银行中心外汇集中审核工作量保持年度 20% 以上的增幅，综合柜面替代率达 85%。`

第三章
银行业客服中心的运营现状

近年来，为满足广大客户日益增长的多样化需求，银行业持续不断开展金融创新，作为远程服务窗口的客服中心也取得了令人瞩目的发展。与此同时，迅速增长的业务规模、不断丰富的服务渠道，也使银行业客服中心面临责任大、难度大、强度大"三大"运营管理挑战。客服中心需要抓住机遇、迎接挑战，通过调整运作模式、优化组织架构、改善运营管理，精耕细作、稳扎稳打，不断提升服务水平与竞争力。

第一节　客服中心运营模式现状

一、外包运营模式

2013 年，国内银行业客服中心在确保风险可控的基础上，减少经营成本成为了采用外包运营模式的主要动因，客服中心应用外包运营模式的趋势进一步显现。

根据课题组调研，目前采用外包运营模式的客服中心约占银行业客服中心总数的 49%，意味着已有近一半的客服中心使用了外包服务。目前银行业客服中心的外包服务范围主要集中在人力资源、客服系统、非核心业务及运营场地四个方面。

客服中心（个）

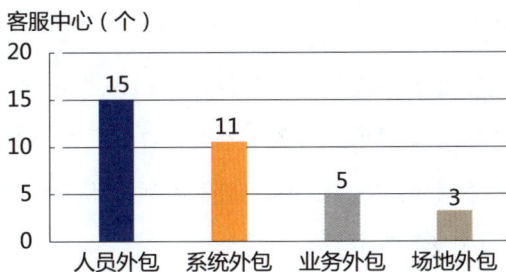

图3-1　2013年客服中心主要外包运营模式应用情况

其中，人员外包为各中心外包服务的主要类型，约占所有采用外包运营模式客服中心的 55%。2013 年底，人力资源和社会保障部颁发了将于 2014 年 3 月 1 日起施行的《劳务派遣暂行规定》（以下简称《规定》），要求用工单位被派遣员工不能超过本单位用工总量的 10%，《规定》施行两年内降至规定比例。人员外包能够在遵守上述政策的基础上，一定程度上减少客服中心人力资源成本，未来将被更多客服中心所关注。

客服系统外包是近期国内银行业客服中心外包服务的另一主要类型，其外包内容主要涉及客服代表业务处理系统的设计、搭建与运维等，使用此类外包服务的客服中心约占所有采用外包运营模式客服中心的 41%。但出于安全运营考虑，各行核心业务系统仍普遍由银行自营。

同时，银行业客服中心外包运营模式应用范围也在不断扩大，主要体现在非核心业务和低风险业务方面。其中，信用卡客服中心外包业务主要包括网络在线客服、账单分期、小额贷款、销卡挽留等；传统业务客服中心外包业务主要包括对公及个人客户普通业务咨询、网银业务咨询，账户余额、交易明细、账户开户行、营业网点信息等简单业务查询等。

二、业务运营模式

伴随金融业务市场化程度逐步加深，国内银行业客服中心经历了由区域性客服中心集中上收至集约化客服中心的过程，实现了客服中心的集中运营与统一管理，解决了客服平台重复建设问题，有效提高了客服中心运营管理水平，并通过统一服务标准，较好地确保了客户服务体验的稳定性。

目前全国集中统一的业务运营模式已成为主流，从各家客服中心受理的业务类型来看，主要存在综合业务运营、传统银行业务运营和信用卡业务运营三种运营模式。其中，受理全行各类业务的综合型客服中心占比 39%，如兴业银行客户服务中心、光大银行电子银行部客户满意中心等；以借记卡等业务为主的传统银行业务客服中心占比 40%，如招商银行远程银行中心、华夏银行电子银行部客户服务中心等；信用卡客服中心占比 21%，如工商银行信用卡电话服务中心、上海浦东发展银行信用卡客户服务中心等。

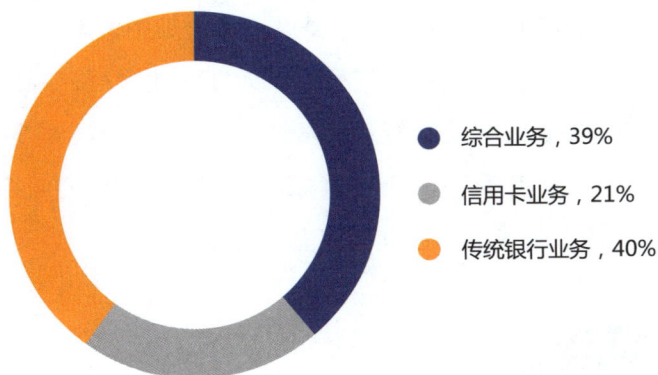

综合业务，39%

信用卡业务，21%

传统银行业务，40%

图3-2　2013年客服中心业务运营模式占比

三、场地运营模式

随着业务规模的快速增长，大多数银行均选择在不同地区组建客服中心，从而达到提升客服中心连续性运作能力、降低系统扩容成本并提高运营管理效率的目的，银行业客服中心多点运营发展已逐步成为主流。

根据课题组调研，除城市商业银行、农村商业银行及农信社一般选择在本地建立客服中心以外，全国性银行（含大型商业银行及邮储银行、股份制商业银行）已在全国各地累计建立了超过 70 个客服中心场点，其中在北京、上海、成都、合肥、武汉五地建立的客服中心场点均超过了 5 个。

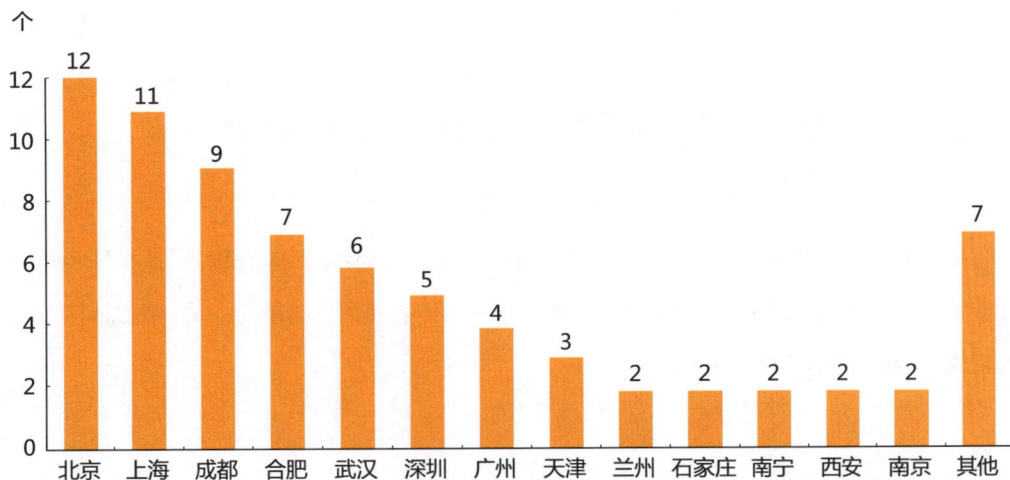

图3-3　2013年全国性银行业客服中心场点分布情况

在全国性银行中，约有 86.2% 实现了多点运营。其中，国内 15 家主要全国性银行中（工行、农行、中行、建行、交行 5 家大型商业银行，中信银行、民生银行、招商银行、光大银行、兴业银行、浦发银行、华夏银行、广发银行、平安银行 9 家股份制银行以及邮储银行）已有 14 家传统业务客服中心或综合业务客服中心，以及 11 家信用卡业务客服中心实现了多点运营。

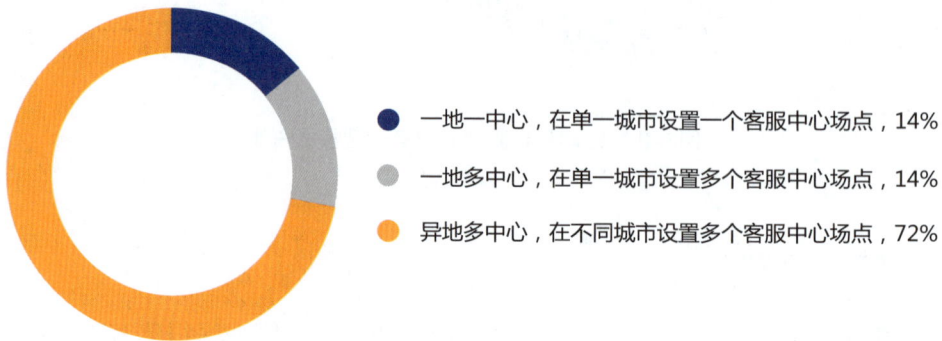

- 一地一中心，在单一城市设置一个客服中心场点，14%
- 一地多中心，在单一城市设置多个客服中心场点，14%
- 异地多中心，在不同城市设置多个客服中心场点，72%

图3-4　2013年全国性银行客服中心场地运营模式占比

城市商业银行、农商行及农信社客服中心主要采用集中一点运营模式。但其中也有少数客服中心在一地或省内实现了多中心运营。如吉林省农村信用联合社客服中心集中在长春建立了 3 个场点；浙江省农村信用社联合社客服中心则在杭州与温州分别建立了场点。

第二节　客服中心组织架构现状

根据课题组调研，2013 年我国银行业客服中心组织架构的设置基本符合目前行业组织架构理论的相关要求，即满足了组织架构设置的功能性、灵活性、针对性、效能性、层次性等特点。

一、系统内（行内）组织架构

客服中心在银行系统内采用何种组织结构一般由银行发展战略、业务范围、服务渠道等因素共同决定。

根据课题组调研，目前超过80%的银行业客服中心均为总行一级部（或事业部）的二级部门。其中信用卡业务客服中心均隶属于总行信用卡中心；非信用卡业务客服中心中有69%隶属于总行电子银行部，其他则隶属于零售业务或渠道运营条线的职能部室之下。

此外，有少数银行通过将客服中心设置为总行一级部室，有效增强了客服中心在全行经营活动中的职能作用。招商银行、浦发银行作为此类银行的典型代表，其传统业务客服中心均为总行一级部室。

二、客服中心内部组织架构

根据课题组调研，虽然各行客服中心内部组织架构各具特色，但总体上可以将客服中心内设部室按照职能划分为前台、中台与后台三种类型。

（一）前台部室

各行对于客服中心前台部室的分类，主要包括四种形式：

1.根据工作性质，区分为呼入业务团队与外呼业务团队；

2.根据客户类型，区分为普通客户、英文客户、贵宾客户、白金卡客户、私人银行客户等服务团队；

3.根据服务渠道，区分为电话、在线、短信、微信等服务团队；

4.根据工作职能，区分为传统业务服务团队与特定职能服务团队。如部分中心的前台部室具有交叉销售、客户价值获取等职能，故相应设置了发展营销、电话营销、增值服务、交叉销售、商旅预订等部门。

（二）中台部室

银行业客服中心中台部室，一般包括在线业务支持、投诉处理、工单审核处理等职能。

（三）后台部室

银行业客服中心后台部室，可划分为以下四类：

1. 运营管理类，一般包括排班管理、现场管理、品质管理、绩效管理等职能；

2. 服务支持类，一般包括风险管理、流程管理、培训管理、知识库维护等职能；

3. 运营支持类，一般包括统计分析、业务创新、系统运维等职能；

4. 综合保障类，一般包括行政管理、人力资源管理、财务管理、设备网络管理等职能。

随着银行业客服中心规模不断扩大、受理业务种类持续拓展，中心的组织架构呈现出不断细分的管理趋势，以实现内设部室专业、高效的运作。如建设银行信用卡中心在后台管理部门中特别设置了客户体验管理科室，成为客户满意度管理举措的一大创新。

第三节　客服中心运营管理现状

根据课题组调研，2013 年银行业客服中心运营管理从粗放型向集约型管理转变进一步加强，"以客户为中心"的运营管理战略进一步深入，精细化管理逐步渗透到每个管理环节，工作重心开始向服务能力即一通电话解决率的提升上倾斜，而不是一味地追求服务水平的拉升，同时客服中心服务质量管理，人才培养与发展、技术与流程创新等精细化管理成为各家银行客服中心 2013 年发展的重点。

一、资源管理

（一）资源管理向精细化发展

课题组调研显示，超过 50% 的客服中心均建立了资源预算计划机制；超过 35% 的客服中心基于业务发展数据预测、市场活动及产品反馈率评估、各技能组人员有效配置、来电路由策略调整等条件进行系统分析，建立了客服中心人力预算模型，从而科学规划各时期、各阶段的人力需求与排班，对人力资源实施精细化管理。

根据课题组调研，2013 年排班管理工作中有 77% 的银行业客服中心仍然使用手工排班，通过人工测算和干预，可以有效结合国内呼叫中心管理的特点，保证服务水平稳定；23% 的客服中心采用了排班软件支持资源管理，通过排班软件进行自动化的现场监控、员工遵时管理，实施海量内部业务数据分析、话务增减趋势预测，以进一步提升资源利用率。

（二）关键岗位资源配置加强

班组长是各项服务政策落地实施的执行者，是客服中心一线员工与管理层之间的沟通桥梁；班组长的素质与技能是提升服务效率与服务品质的关键，是客服中心持续发展的驱动力。因此，班组管理岗位、包括与之密切衔接配合的现场管理、培训管理岗位及质量管理岗成为客服中心尤为关键的岗位，也越来越受到重视。

2013 年银行业客服中心普遍加强上述关键岗位的人力资源倾斜，班组长与客服代表的平均配比达到 1：6.5，而目前国内呼叫中心行业客服中心班组长与客服代表配比为 1：15，由此充分反映了目前银行业客服中心对于现场管理的加强，体现了对于一线客服代表沟通辅导的重视程度；现场管理人员与班组长的平均配比达到 1：5.1；质检人员与客服代表的平均配比达到 1：15.1；专职培训人员与客服代表的平均配比达到 1：14.7。通过上述数据与行业参考标准作对比，2013 年银行业客服中心关键岗位人员配比普遍高于行业参考标准，反映了各家银行客服中心对班组管理、人员培训及质量管理的重视程度不断加强。

表 3-1　2013 年客服中心关键岗位与客服代表配比情况

关键岗位人力配比	2013 年人力配比情况	行业参考标准
质检专员 : 客服代表	1 : 15.1	1 : 20~30
培训专员 : 客服代表	1 : 14.7	1 : 30~40
班组长 : 客服代表	1 : 6.5	1 : 8~15
现场管理 : 班组长	1 : 5.1	—

数据来源：《中国银行业客户服务中心服务规范》附件 1《客户服务中心岗位设置及人员配置指引》，中国银行业协会文件，2009。

二、绩效与晋升管理

根据课题组调研，2013 年银行业客服中心均建立了以中长期战略为核心的绩效管理体系。运用绩效目标分解管理办法将公司分派给客服中心的战略目标逐层分解，通过绩效计划制订、绩效考核评估、绩效结果反馈、绩效沟通辅导等一系列闭环管理，促进员工不断提升综合能力与业绩指标，实现组织最佳绩效。综合各行客服中心绩效管理工作，大体形成以下三个特点：

（一）服务质量考核增加

以往受到人力资源的制约，银行业客服中心绩效管理侧重服务效率，而服务质量指标总体占比偏小。课题组有关绩效管理调研结果显示，2013 年各银行客服中心绩效考核中服务质量考核项目有所增加，权重加大。如项目标准方面，在调整加重服务品质、客户满意体验考核的同时也增加服务解决能力指标的考核，把质量指标达标作为效率指标超标奖励考评的前提条件。

（二）员工价值提升凸显

在人员的绩效考核管理当中，银行业客服中心除了设立硬性的量化指标定量考核，还加入了诸如执行力、创新能力、同事与上级评价等定性指标，同时增加了表扬、荣誉、成长进步、合理化建议采纳等附加评测项，通过定性评价与定量考核相结合的考评方式评估员工的能力、态度和业绩表现，建立起了引导员工不断成长、自我价值逐步提升的绩效管理平台。

如浦发银行信用卡客服中心绩效管理摒弃了处罚工具，充分突出奖励特色的绩效引导模式，在客服代表绩效考核中实施关键绩效指标系数递增式考核，体现了资源灵活向整体绩优以及服务质量绩优人员的倾斜，同时增加了"服务标兵"（服务态度绩优人员）、"服务达人"（客户属实表扬绩优人员）、"服务模范"（主动及耐心服务绩优人员）、书面表扬的四项额外奖励，鼓励一线客服代表向客户提供首问负责、最美微笑式的一通电话解决服务。通过上述创新式绩效考核方式的引导，客服中心一线客服代表快速成长起来，并树立了良好的主动服务意识，从而涌现出了一批又一批优秀的客服代表。

（三）绩效考评月考为主

绩效管理工作中的沟通辅导环节进一步得到体现，课题组调研发现半数以上的银行客服中心实施月度考评，占比为 54%；5% 的客服中心实施周考评，14% 的客服中心实施季度考评，仅为 7% 的客服中心实施半年度考评；剩余 20% 的银行客服中心在实施月度考核的基础上，同时实施年度考评，年度考评的结果将作为客服代表晋升、薪酬调整的重要参考数据。

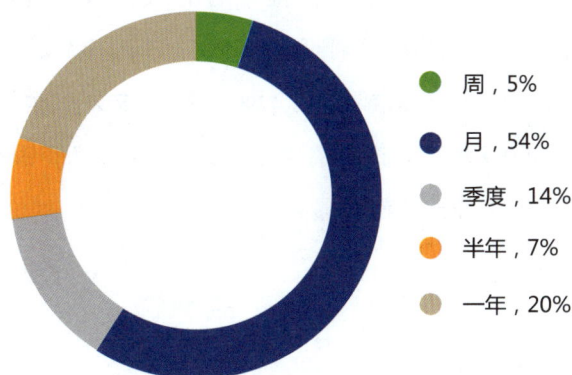

图3-5 2013年客服中心客服代表绩效考核频率统计分布情况

周，5%
月，54%
季度，14%
半年，7%
一年，20%

（四）沟通辅导管理强化

各家银行客服中心绩效考评结果与员工的薪资、奖金、职级、转岗、晋升等密切相关，因此建立必要的绩效沟通辅导机制已经成为绩效管理工作中一个至关重要的环节。

课题组调研发现，2013 年有 28% 的银行客服中心通过技术改进或创新，实现绩效智能化管理，搭建了一个上下贯通的数据查询和沟通交流平台。通过这个平台，客服代表可以实时了解各项关键指标的达成情况，并参与绩效结果的实时反馈，从而进一步加强了管理人员同一线客服代表有关绩效结果的沟通、辅导以及后期各项问题指标的改善提升。

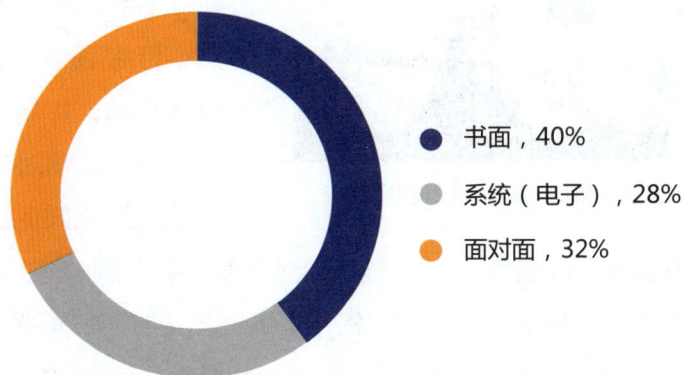

书面，40%
系统（电子），28%
面对面，32%

图3-6 2013年客服中心绩效反馈形式统计分布情况

（五）绩效管理价值为重

随着绩效管理的优化，各家银行客服中心的服务效率都得到较大的提升，人力资源效能进一步提高。课题组调研显示 2013 年较上年人工服务业务量增长 26.18%，而新增的人力较上年却减少 12.47%，人员流失率也较上年下降 2.1%。2013 年银行业客服中心整体人员流失率为 14.29%，其中工商银行电子银行中心平均年度人员流失为 1.1%，人员稳定性最高。

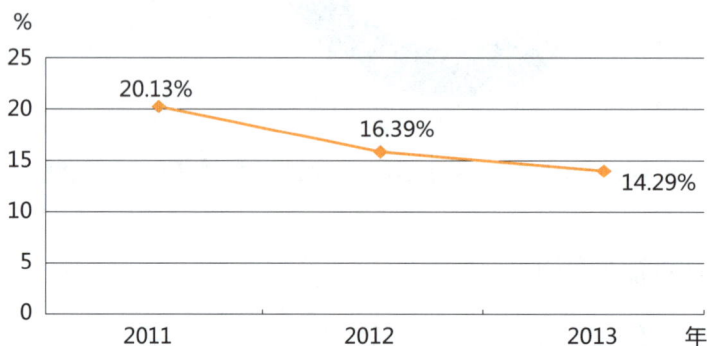

图3-7　近三年客服中心人员流失率情况

图3-8　广发银行信用卡客服中心职业发展树

从员工转岗晋升情况看，77% 的客服中心建立了客服人员转岗晋升机制，其中多家客服中心推行星级员工晋升、年度晋升考核、竞聘上岗等管理办法，并且建立了绩效考核的明确标准。部分银行客服中心建立了行内转正考核机制，每年为客服人员提供转正考核，通过考核即可从派遣员工转为合同制员工，同时也提供向分支行营业网点的柜员、大堂经理、理财经理、客户经理等岗位转岗的机会，有效拓宽了客服人员的职业发展通道，提升了员工忠诚度与归属感。2013 年银行业客服中心平均转岗晋升率为 10%，较 2012 年提升 0.5%。其中，广发银行信用卡客服中心的转岗晋升率高达 30%。

行之有效的绩效管理以及丰富的团队文化生活能进一步加强员工的满意度管理工作，2013 年银行业客服中心员工的整体满意度也维持了较高的水平，达到91.8%，较 2012 年得到有效提升。其中，工商银行电子银行中心 2013 年整体客服中心员工满意度高达 97%。

表 3-2　近三年银行业客服中心员工满意度及晋升情况表　　单位：%

项目 / 年度	2011	2012	2013
员工满意度	91.9	90.7	91.8
转岗晋升率	9.7	9.5	10

三、质量管理

银行业客服中心具有一岗多人、业务复杂、流程精细、管控严格等诸多特点，因此各家银行客服中心对服务质量管理工作尤为重视。课题组调研显示，目前银行业客服中心主要采取录音抽检、自助语音评测、外呼满意度测评、第三方评估等措施实施质量整体管理。

（一）质检形式多样化

2013 年课题组调研数据显示，采取录音抽检仍是各家银行客服中心实施质检的主要手段之一，人均每月样本量达到 20 通及以上的占比 41%；10~20 通占比39%；5~10 通 15%；5 通以下仅占 6.3%。

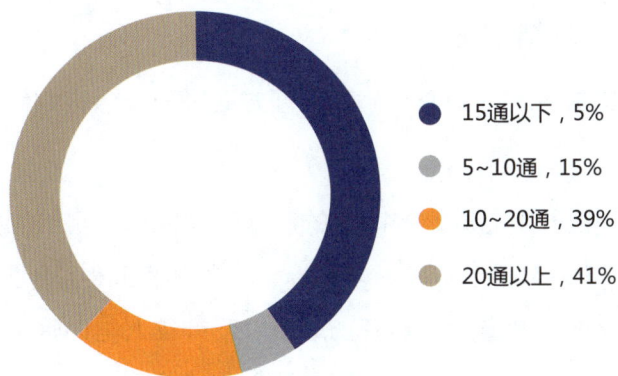

- 15通以下，5%
- 5~10通，15%
- 10~20通，39%
- 20通以上，41%

图3-9　2013年客服代表月平均抽取质检录音情况

满意度调查主要使用 IVR 自助语音满意度调查、外呼回访、委托第三方调研，以及短信、邮件方式联络客户调查等。

2013 年提供 IVR 自助语音满意度调研的共有 34 家客服中心，占参与调研单位总数的 62.9%；开展外呼满意度回访调查及委托第三方进行满意度调查的均占比为 24%；约有 9% 的银行客服中心实施短信满意度调查；另有 2% 的银行客服中心采取了邮件满意度调研的方式。

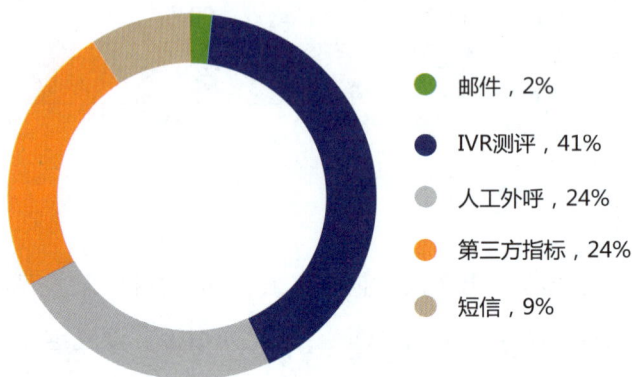

- 邮件，2%
- IVR测评，41%
- 人工外呼，24%
- 第三方指标，24%
- 短信，9%

图3-10　2013年客服中心满意度测评方式占比

在满意度外呼调研方面，广发银行信用卡客服中心的做法值得借鉴，即所有对当日服务评价不满意的客户 100% 实施 4 个工作小时内人工回访，记录存在的问题，及时进行跟踪改善。该类调查能即时了解客户对服务的满意程度，有利于对存在的问题进行及时地跟踪改善。

（二）质量管理精细化

2013 年，各家银行客服中心在质量管理方面进一步精耕细作，服务品质不断提升。

工商银行电子银行中心制定了明确的质量管理指标，常用的指标包括质检成绩（含服务礼仪、客户体验与业务解答指标）、客户满意度（含非常满意、满意）以及调研成绩（含客户满意度问卷调查成绩以及神秘人电话暗访成绩）。质量管理主要结合日常电话抽检，客户满意度调研，邀请第三方咨询公司对电话服务质量开展密集的外部评价等三项质检工作有效结合，对客户满意度的提升取得了良好效果。

上海浦东发展银行信用卡客服中心积极创新，探索出"学习型"质量管理模式。2013 年组织发动全行卡中心实施"X-MEN"（内部神秘客户）计划，动员全行员工每月对客服热线开展神秘人拨测，记录问题并评选出符合标准的服务明星，用于每季度一次的服务整改和服务明星奖励。同时，组织客服中心内部各部门管理人员和一线客服代表每周开展其他银行客服热线集中拨测活动，针对专项主题和定向业务流程对全国银行业信用卡客服中心进行拨测，对比自身服务流程与话术存在的不足，吸取优秀经验，不断优化和提升客户体验。

此外，为满足广大持卡客户日益增长的多样化需求，银行业客服中心在质量检测方式不断增加的同时，管理理念也在不断更新和调整。从人员检测到流程检测的变化、从事后检测向事前检测的调整、从单一内部检测向全方位质量检测的推广等理念的转变将会为客服中心的质量提升提供更加强有力的保障。

四、培训管理

2013 年银行业客服中心积极推进培训管理流程化，课程体系化、教材标准化、制度清晰化及教师规范化建设，将培训工作与绩效管理、人才培养相结合。培训管理主要体现以下几个特征：

（一）培训管理体系化

通过课题组调研发现，银行业客服中心均搭建了有效的培训管理体系，包括培训需求管理、培训课程管理、培训实施及制度管理、培训师资管理、培训考核管理等几方面。

招商银行远程银行中心推行了"一雁三马"为主题的六化式培训管理，针对不同层级管理人员和一线客服代表因材施教，实施以"金雁"经理及干部、"千里马"骨干班组长、"骏马"优秀一线员工、"跃马"新聘班组长等为培训对象的全方位培训体系，搭建了包括课程设计（含入职、在岗、转岗、提升）、流程管理（含需求征集、计划制订、资源配置、实施手段、过程管理、效果评估）、制度规范（含管理办法、实施细则，工作手册）、教材开发（含一线基础、二线支持、综合素质）、教师培养（含专职、兼职）、资源配置（含场地、设施、资源库）在内的完善的培训管理体系，通过上述培训更进一步帮助员工更好地实现职业发展，提升综合素质，储备未来发展能力。

招商银行远程银行中心人才培养

针对不同层级的优秀员工和管理骨干，开展专项人才培训计划，建立完善的人才梯队，通过集中培训、项目研讨、网点实习、同业交流等多种方式，全方位提升员工专业素质及能力。

图 3-11　招商银行远程银行中心人才培养体系

（二）培训课程多元化

在培训课程上，各客服中心从业务知识和服务技能逐步拓展开来，延伸至其他领域。同时，针对不同的培训对象设计相应的课程。针对客服代表层级人员课程主要增加了职业规划发展、团队文化建设、办公软件学习、情绪压力管理等培训课程；针对管理层级人员主要提供体现管理技能的专题培训，如领导力管理、绩效管理、数据分析管理、时间管理、执行力管理、沟通表达等。另据课题组调研发现，2013 年银行业客服中心均设立了客服代表心理压力缓解、情绪管理等课程，课时占总体培训课时的平均比例为 12.3%。交通银行客户服务中心更加重视该项课程的训练，心理压力缓解和情绪管理的课时约占培训总课时的 30%。

此外，培训内容进一步丰富。例如，工商银行牡丹卡中心信用卡客服中心邀请与工行合作发卡的美国运通公司资深呼叫中心专家，围绕英语技能和客户服务等课题开展培训，同时邀请呼叫中心行业专家开展高品质客户服务素质能力提升培训，主要内容包括员工情绪管理，班组管理，现场监控管理、服务心态等，同时向客服代表提供保护嗓子、标准普通话、心理减压、服务礼仪、情绪管理等培训课程。

（三）新人培训精细化

新人培训是各家银行客服中心培训工作的重中之重，均投入了大量的人力和资源予以支持。根据课题组调研，2013 年银行业客服中心新人客服代表（新人指客服代表入职到独立上线的阶段）培训周期平均为 55.8 天。各行客服中心新人培训周期差异较大，其中新人培训周期最长为 6 个月，最短为 20 天。客服代表上线后每月正常培训平均课时为 8 小时，交通银行客户服务中心是给予了高达 20 小时的培训资源支持，在一定程度上保障了新人稳定性和业务熟练度的提升。兴业银行客服中心对待新人培训采取了创新的管理模式，即实施训前新人"影子计划"。该计划主要针对刚入职的新人，实施培训前的短期跟岗听线，通过短期的实习，新人对于客服中心的工作环境、工作强度及排班环境有了一定的认知，因此可以保证新人的适应能力，并有效降低新人培训期的流失，降低培训成本。

五、流程及知识库管理

在流程管理方面，课题组调研显示，各家银行客服中心均设立了专岗负责流程的设计与优化，同时定期组织各类活动激励全员参与流程优化管理，如头脑风暴会、员工月度座谈会、金点子评选等。2013 年，银行业客服中心为提升服务效率与品质，进一步梳理和精简服务流程，包括 IVR 自助语音菜单设计和受理流程简化，旨在提升一次解决率的服务流程优化，以及配合微信客服、手机银行推广服务流程改进等。以交通银行太平洋卡信用卡客服中心为例，该中心 2013 年全面梳理和精简能够一通电话解决客户服务需求的流程，并将一通电话解决率纳入一线客服代表绩效考核体系，全面提升客户体验。

知识库是客服中心的"知识搜索引擎"，随着产品及功能业务种类不断增加，各类活动层出不穷，要高效精准为客户提供服务，知识库的建设与管理尤为重要。2013 年银行业客服中心普遍定制开发了基于智能搜索引擎技术的知识库，实现与客服系统整合，并且与手机终端协同实现信息推送，员工操作更简便、互动更及时、知识了解更全面，服务效率也得到充分的保证。例如，民生银行电子银行部客服中心知识库平台设计充分体现了管理人员与一线客服代表的互动，客服代表可以对于知识库发布信息进行满意度评分，甚至可以参与拟定知识库知识点或话术，从而为后台管理人员的绩效考核提供了真实客观的数据。

六、系统管理

客服中心相关系统主要包括交换系统、CTI 电脑电话集成系统、IVR 语音自助系统、CSR 客服代表业务操作系统、录音系统、知识库系统、工单系统、电话外呼系统、路由话务监控系统、录屏及报表系统，传真、邮件、短信系统，以及培训、绩效、排班、质检等多个管理系统。

课题组调研显示，2005—2008 年大部分银行客服中心业务操作均通过银行核心系统操作，没有客服中心的专业操作系统，系统的建设主要围绕"产品"需求；2008—2012 年各家银行客服中心陆续开始开发应用呼叫中心专用服务系统，各服务渠道系统之间及管理系统多为独立界面操作；2012—2013 年客服中心系统在提升客户体验与员工操作效率及加强风险管理的需求推动下，智能化、集成化高度发展，融入了多渠道服务协同理念，多功能操作系统不断更新上线，支持各管理系统模块式嵌入。各系统联动为大数据整合分析提供了必要的条件，为精准服务营销及各类业务操作流程的简化提供了有力的技术支持。

七、合规管理

客服中心作为商业银行的远程服务窗口，必须严格遵守国家法律法规及银行内部管理制度规程。由于客服中心属于人员密集型部门，员工素质与技能水平存在差异，因此既要防范外部欺诈风险，又要减少和杜绝内部违规操作。2013 年，多家银行客服中心已设立专岗负责合规管理事务，并建立了多项合规管理机制。具体包括：合规与信息安全检查机制，定期开展查找制度漏洞及安全隐患，实施整改；业务流程年审机制，确保操作流程符合监控与风险政策的要求，同时给客户最佳的服务体验；系统权限管控机制，稽查各岗位的权限需求，保证权限适度合理；建立合规教育学习机制，定期组织开展反洗钱、案件防控、风险防控教育，提升员工法制意识与风险意识；各类灾备应急预案管理机制，优化改进应急预案，定期开展灾备演练，提升应对各类突发事件的能力。

八、现场管理

客服中心的现场管理主要包括现场制度管理、话务监控与人力资源调度、客服代表工作状态的监控管理、各类突发事件上报与协调处理。

2013 年，银行业客服中心基本建立了现场制度与管理规范，如员工考勤管理制度、值机规范、就餐与轮换班制度、班前会制度等。

基本上客服中心都应用大屏话务监控系统，对各技能和渠道的业务需求和话务进行实时监控；大多数客服中心都建立了值班经理／主管制度和各类突发事件应急处理机制，如系统故障与瘫痪应急措施、服务水平危急处理措施等；上海浦东发展银行信用卡客服中心还制定了暴风雨雪天气、交通临时管制等突发情况应急措施。

客服中心监控系统均支持员工工作状态监控，通过系统现场监控客服代表的工作状态、受理话务的情况及个人工作效率，进行及时支持及辅导。客服中心采用的排班软件对现场客服代表工作状态的管理更加精细，应用遵时管理机制有效规划客服代表的时间管理。

例如，中信银行信用卡客服中心现场管理采用"天圆地方"式管理模式，一线员工可以清晰地通过现场环形的系统平台显示器了解滚动播报的服务水平情况，从而让一线客服代表灵活调整休息时间，积极响应现场管理，确保服务运营平稳。

九、团队管理

客服中心的团队管理主要包括目标设定、激励管理、能力提升辅导、关怀沟通等方面。2013 年，银行业客服中心团队管理主要体现出以下特点：

（一）数据化管理加强

随着客服系统的发展，大数据分析理念植入，客服中心在不断加强对客户行为分析的同时，也越来越关注员工的行为信息分析，包括出勤、请假频率、产能、利用率、线上各类工作状态、客户满意度、服务差错、投诉与表扬、服务质量变化、知识库各类业务知识的点击等信息都成为分析的重要数据。根据相关的数据分析可以清晰了解员工业务学习偏好、情绪变化、忠诚度，从而帮助管理人员区别对待不同员工，实现"因人而异，因势利导"，使沟通变得更高效，目标设计更合理，激励更精准。

（二）人文关怀加强

当前客服中心 80 后员工居多，逐渐步入结婚生育高峰期。为提升员工满意度与忠诚度，保证出勤率，多家客服中心都推出了"妈妈班"，为不同阶段的准妈妈、新妈妈"量身定制"不同班务，并适当降低工时要求、放宽指标达标要求等，其中兴业银行客服中心还设立了妈妈班专属工作区域，区域张贴了婴儿图片、孕期知识等，餐厅也特别设立了妈妈班工作人员专用餐桌，每日免费提供水果，增加孕妇营养，也便于准妈妈、新妈妈们交流经验，感受良好的工作氛围。

（三）员工满意度管理突出

员工满意度管理逐步成为客服中心团队文化管理的一个重要工具，2013 年课题组调研显示，57% 的银行客服中心实施了员工满意度管理，平均员工满意度为 91.8%，在国内呼叫中心行业居于首位。

在实施员工满意度管理过程中，各客服中心主要通过两种形式收集员工的满意度，即书面问卷调研和电子系统调研反馈，其中电子系统调研方式使用较广，占比 55%。在员工满意度测评频率上，调研发现采用一年测评一次的最多，占比 26%。

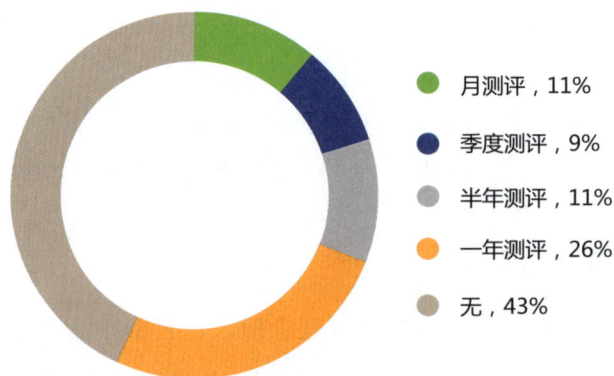

- 月测评，11%
- 季度测评，9%
- 半年测评，11%
- 一年测评，26%
- 无，43%

图3-12　客服中心员工满意度测评频率统计分布情况

第四章
银行业客服中心的发展展望

> "十二五"规划提出，深化金融改革是中国经济发展方式转型的必然要求，随着全球经济一体化不断深入，网络经济的深化发展，商业银行经营发展环境面临重大而深刻的变化，客户对银行服务水准的期望和要求日益升高，以客户为中心的服务经济时代真正到来。

第一节　银行业客服中心的发展优势

随着金融创新及服务创新的不断发展，商业银行客服中心的服务模式、经营模式面临着转型变革。从原始、单一的咨询服务延伸到集银行所有产品（借记卡、信用卡、理财产品等）的咨询、交易及主动销售，网点柜台大多数业务的支持与替代，电子银行渠道客户的服务与技术支持，以及客户关系的远程经营与管理于一体的综合金融服务中心，客服中心的发展优势更加凸显。

一、远程化服务实时响应客户诉求

客服中心最显著的特点即其"远程虚拟"的服务方式，能够突破时空局限，更大范围、全天候地倾听客户心声，实时响应客户需求。目前国内银行业客服中心均已提供 7×24 小时全天候服务，服务对象和地区也已按照本行经营特点实现全面覆盖。客服中心资讯全面、响应及时的远程服务在银行和客户之间搭建起了便捷高效的互动桥梁，弥补了网点营业时间限制和电子银行缺乏互动服务的不足，既具备电子银行的方便快捷，又兼备柜面服务的温馨体贴，形成与物理网点、电子渠道并举的立体化服务体系，随时随地响应客户的服务需求，真正实现了便民、助民、富民，对于构建普惠银行将发挥越来越重要的作用。

二、集中式标准化服务保证良好的客户体验

客服中心无论是同城集中运营还是异地分中心运营，均突破了物理网点的局限，运用高度标准化、流程化、智能化的银行交易系统和客户经营管理平台为客户提供统一的各类银行服务。这一高度集约化的运营特点确保客服中心以统一的号码、一致的声音、标准的流程、规范的服务响应全行客户，体现了"同一银行，同一服务"的服务品牌，得到客户的普遍信赖，确保了良好的客户体验。由此，客户服务中心在商业银行整体经营中的优势作用将日益凸显。

三、信息集散平台夯实全行业务经营基础

客服中心汇聚了大量直接来自客户端的信息，通过及时把握与了解客户对银行新服务、新产品、新系统最真实的体验感受和意见反馈，为银行进行持续改善和优化提供了依据。银行在产品开发和流程设计的过程中，客服中心参与其中，充分考虑客户接触渠道的实际需求，实施全流程分工和管理，如交通银行客服中心成立了专职客户体验团队，参与该行网上银行、手机银行等自助渠道，以及理财、贷款等产品的前期市场研究、客户需求征集、需求论证与分析、设计开发与测试、试用评估与客户推广、客户售后服务与客户体验管理等全流程管理。

同时，客服中心通过大数据分析平台，对形式多样的客户数据（客户消费数据、购买路径等）进行挖掘、追踪、分析，将不同客户群体进行聚类，获取客户的消费习惯、风险收益偏好等特征信息，并根据不同客户特性打造个性化的产品营销服务方案，将最适合的产品服务推介给最需要的客户，为全行开展业务经营、精准化营销奠定基础。

四、低成本高效率运营助力银行经营转型

由于客服中心的服务渠道不受地域、空间限制，加之集约化的运营特点，因此可以选择集中在成本相对较低的二三线城市分布职场，由此形成低成本、高效

率的运营优势。

立足于"低碳经济"和"绿色金融"的可持续发展理念，越来越多的商业银行正在探索实践如何将更多资源消耗型业务集中转移到客服中心，以有效减轻网点柜面的服务压力，实现服务资源的合理分配与业务规模的低成本扩张。

第二节　银行业客服中心的发展趋势

展望未来，伴随信息技术的不断进步，云服务、多媒体、大数据、社交媒体、数据挖掘等技术的成熟运用将进一步凸显客服中心的优势，银行业客服中心的发展也将逐步呈现运营模式"直销化"、服务功能"智能化"、经营发展"价值化"的趋势。

一、运营模式呈现"直销化"

未来，银行业客服中心直销化的运营模式可以体现为传统服务营销、精准营销、远程客户经理服务、线上线下整合营销、直销银行等多种方式。

（一）传统服务营销

以现有产品为导向，根据产品特性寻找目标客户，通过电话呼出主动、电话呼入交叉、短信、微信等渠道，实现理财产品、基金、保险、信用卡等产品的在线直接销售。

（二）精准营销

以客户为导向，对客户数据进行挖掘，通过定量和定性相结合的方法对客户的消费心理、行为特征进行细致分析，协同其他部门进行产品、服务、业务或系统的定制研发，在"合适"的时间频度，在"合适"的地点，以"合适"的价格，通过"合适"的方式，向"合适"的客户提供"合适"的产品或服务，并通过后续"合适"的服务进一步提高客户购买产品后的认知价值。

（三）远程客户经理服务

通过对银行客户进行族群划分，在客服中心组建远程客户经理团队，对特定客户（如中高端客户）进行远程综合金融服务，通过"一对一"的客户管户经营机制，由远程客户经理为其所管客户提供业务办理、资金交易、个人贷款、客户关系管理等常规服务，提升客户服务的专属感，同时在客户维系的基础上进行投资理财、精准营销、专享增值产品推介等财富管理服务。

（四）线上线下整合营销

客服中心远程客户经理与网点客户经理在客户服务、营销职能方面具有高度互补性，同时存在规模经济性，面对大数据时代的推进和互联网金融的挑战，两者整合营销是对各种营销工具和手段的系统化结合，根据环境进行即时性的动态修正，在与客户三方交互中实现银行价值增值，两者的充分融合可作为银行经营客户、整合营销的战略导向。

（五）直销银行

直销银行是互联网时代应运而生的一种新型银行运作模式，在这一经营模式下，银行没有营业网点，不发放实体银行卡，客户主要通过电话、电子邮件、手机、社交媒体等远程渠道获取银行产品和服务，而客服中心则成为直销银行的主要运维平台和实施者。

二、服务功能呈现"智能化"

随着语音识别、3G 视频通讯、多媒体社交网络、智能机器人、云计算、大数据挖掘等技术在客服中心的广泛应用，客服中心涉及客户、现场运营、后台管理等层面的功能均将呈现智能化特点。

（一）自助服务智能化，精准营销智慧化

语音识别技术的应用，将实现电话银行自助语音服务的智能化。客户致电客服热线，系统能对语音进行自动识别和智能判断，并准确定位到客户需要办理的业务，客户无须层层收听电话语音提示，只需说想办理的业务名称，即可快速定位进入需要办理的相应业务。

语音识别、云计算、大数据挖掘等技术的融合，将实现客户精准营销智慧化。通过实时语音和话语关键词分析，系统立即挖掘出消费者的情绪状况和潜在销售机会，实时激发桌面的决策引擎，提示和指导客服代表抓住销售时机并推荐相应的产品类型。

（二）客户服务可视化，业务办理移动化

3G 等视频通讯技术的应用，将实现客服中心可视化、面对面服务。通过视频通话等方式，客服代表将更有针对性地远程协助客户解决问题。

多媒体社交网络等技术的应用，将实现客服中心业务流转处理移动化。客服代表受理来电并记录客户服务工单后，可以直接将该工单派发给各级业务处理人员（包括总行管理人员、分行业务处理员、网点客户经理等），并以短信通知进行提醒，而业务处理人员可以通过智能终端接收短信并及时登录到业务系统下载工单进行处理。同样，通过该技术能够将处理结果反馈给受理客服代表或有诉求的客户。

（三）内部运营管理远程化

云计算、多媒体网络等技术的应用，将实现内部运营管理远程化。例如，实行"家庭客服"服务方式，客服代表可以在家里登录客服系统为客户进行服务，而客服中心管理者在客服场点即可对家庭客服进行远程监控和管理。"家庭客服"的实现将有效解决客服中心人员流失、低接通率、应急服务等问题，有效降低客服中心运营成本和人力成本，并且可以录用符合专业条件的残疾人员，履行企业社会责任和义务。

（四）渠道服务自动化

智能机器人等技术的应用，将实现客服中心各渠道服务自动化。智能机器人可以在客服中心网上客服、短信客服、微信客服等渠道广泛应用，提供一对多、高效、便捷、稳定的 7×24 小时全天候服务，实现渠道服务自动化，以大幅降低客服中心人工投入和培训成本。

三、经营发展呈现"价值化"

随着客服中心经营方式的转型发展，其对商业银行整体发展的价值贡献也日

渐凸显。

（一）服务价值实现延伸

未来，客服中心的服务投入需要充分匹配银行发展战略，辅助银行实现盈利。通过客户关系经营打造服务品牌，同时通过满足客户核心需求、有效降低自身经营成本等方式转变，实现服务价值的持续提升。而且，客服中心通过客户危机预防和网络舆情探查，进一步延展服务价值。由被动等待咨询转变为主动从电话或网络中发现不满意的客户，及时向银行内部发出预警，并对客户主动响应与安抚，协调处理进程以防止事态蔓延。

（二）渠道价值实现互利共赢

随着信息技术的发展，互动视频、社交媒体（QQ、微博、微信）、iTM 等先进技术在客服中心逐步得到成熟应用，客户可以随时随地与银行联络互动，客服中心将全面实现渠道替代，成为"永不关门"的集中式"虚拟网点"。网点柜面的服务压力将由此减轻，人、财、物资源也将得到有效释放，可以集中更多宝贵资源用于客户拓展与营销，从而实现多渠道融合下银行整体效益最大化的共赢局面。

（三）营销价值不断显现

随着客服中心"直销化"运营模式的发展，一体化服务营销平台的建立可以实现多种银行产品的在线直接销售，使得客服中心的营销价值将不断显现。并且，客服中心未来也将成为研发和设计营销产品的源头之一，能够从服务角度实现客户需求的捕捉与客户价值的实现。

（四）战略价值逐渐突出

一方面，作为客户之声和市场信息的集散地，客服中心未来将充分利用其信息优势，通过与银行内部其他条线间制度化的信息反馈和流程推动机制，为银行不断创新产品、优化流程、改进系统甚至调整经营策略提供战略性参考建议，成为银行经营发展强有力的推动者。另一方面，作为银行综合性金融服务体系的前线，客服中心未来将大力发挥其人才优势，为银行培养大量拥有扎实的业务技能、优秀的沟通能力和问题解决能力的综合型人才，源源不断地输送至其他业务条线，成为全行人才培养的摇篮。

下篇　机构篇

第一章
大型商业银行及邮政储蓄银行客服中心概况

第一节　中国工商银行

一、中国工商银行电子银行中心

为通过推进电子银行服务的集约化、规范化经营，整合全行资源、增强服务能力、提升服务品质，形成在金融服务市场竞争中的整体实力，中国工商银行自1999年在同业率先推出95588统一客服号码后，于2003年在北京正式组建了电子银行中心，95588服务步入了统一规划、统一管理、统一服务的集约化发展轨道。2009年至2011年，电子银行中心（石家庄）、电子银行中心（合肥）和电子银行中心（广州）相继成立，工行逐步建立了立足国内、面向海外的现代化电子银行服务模式，形成了"总量相对均衡、发展各有侧重、管理互促互进"的电子银行中心集约化发展格局。

十余年来，工行电子银行中心坚持"服务客户、服务业务和服务员工"的宗旨，积极适应信息技术发展和客户需求变化，不断加快服务创新，创立了涵盖"电话＋短信＋网络"三大渠道、15种方式的服务体系；适应全行国际化、综合化发展要求，持续丰富服务内涵，面向我国全境及16家境外机构建成了涵盖咨询、交易和营销等8大类120多项内容的服务模式；适应不同类型不同层次员工成长需求，切实加强人文关怀，搭建了多平台、多通道的员工职业发展体系，并已经成长为服务方式最多、服务内容最丰富、服务水平和创新能力领先的国内一流客服中心。

截至2013年末，工行各电子银行中心共拥有员工3 300余人，近80%员工拥有本科及以上学历，员工素质高、服务能力强。2013年度，中心各渠道累计服务客户超过1.4亿人次，在有效分流柜面业务、降低企业运营成本的同时，也让客户享受到了更加便捷、高效的7×24小时全天候服务。同期，各中心累计受理客户来电近 7 800 万通，接听率及服务水平分别达到 95% 及 90% 以上；短信银行业务日均处理量达到 21.9 万笔，占人工电话量的比例超过 80%，已成为工商银行又一重要服务渠道。凭借优秀的运营管理水平与客户服务质量，近年来，工商银行电子银行中心在行业评比中屡获殊荣，先后获得了中国银行业协会颁发的"最佳联席会主任单位"及优秀客服中心"综合示范奖"、全国青年文明号、全国金融系统工人先锋号等多个重要奖项。

未来，面对客户群体的新需求、信息技术的新发展、市场环境的新变化，工商银行将加快推进电子银行中心由成本中心向价值中心的转型步伐，通过持续创新服务渠道、丰富服务内涵、深化信息挖掘、强化人才培养，积极探索并提升中心渠道价值、服务价值、信息价值与人才价值，努力把中心建设成为拥有一流服务、一流管理、一流队伍、一流文化的国际一流电子银行中心与综合性远程金融服务平台，在积极推动全行经营转型和结构调整的同时，为构建平稳、和谐的金融服务体系作出更大贡献。

二、中国工商银行牡丹卡中心

中国工商银行作为全国发卡量和客户规模最大的信用卡发卡银行，始终坚持"精准营销、精细管理，精品服务"的发展思路，致力于服务客户、服务社会。2014 年 3 月，工银信用卡被工业和信息化部评为"中国第一信用卡品牌"，充分显示了市场以及全社会对工银信用卡的高度认可与评价。

为提升工银信用卡客户服务品质，牡丹卡中心于 2006 年设立了首个信用卡电话服务中心——成都中心，2009 年设立了石家庄中心，为客户提供专业化、标准化的信用卡服务。两个信用卡电话中心员工规模发展迅速，由成立之初的 200 余人增长到目前近 3 000 人，成为工银信用卡客户服务的主要渠道。

　　在电话服务中心建设上，牡丹卡中心以打造"国际一流信用卡电话服务中心"为目标，开通了面向大众客户、金卡客户、白金卡客户和集团客户的专线电话服务体系，提供从潜在客户咨询至办卡、用卡等各环节在内全流程呼入服务，以及客户关怀、异常交易监控、逾期提醒等外呼服务，运营质态始终保持国内同业领先地位。2013 年全年，累计呼入呼出电话量超过 8 000 万通，20 秒接听率始终保持在 90% 以上的优异水平。除电话服务外，牡丹卡中心还相继推出了短信客服、网上客服、微信客服等现代远程服务手段，将信用卡电话服务中心逐步打造成为一个智能高效的多功能服务中心，更好地满足客户多元化的信用卡服务需求。凭借优异的服务品质，在 2012 年中国银行业协会举办的优秀客服中心评选活动中，信用卡电话服务中心分别获得了"综合示范奖"和"优秀服务奖"，是唯一同时获得两个奖项的银行。在 2013 年"中国银行业客户服务中心'寻找好声音'活动"中，不仅荣获了"客服好声音"团队奖，而且参赛的 5 名客服代表全部获得"客服好声音"个人奖。

　　在电话服务中心员工管理上，牡丹卡中心将"以人为本、快乐工作"作为团队建设目标，始终做到三个坚持：第一，坚持建设学习型团队，广泛开展"我们的微笑客户听得到"等主题活动和业务技能竞赛，全方位提高员工综合素养。第二，坚持"以人为本"的文化理念，通过总经理接待日、员工座谈等制度，多渠道了解员工工作生活情况，最大限度地满足员工合理化诉求，不断提高员工工作幸福感、企业归属感和团队凝聚力。第三，坚持营造"快乐工作"文化氛围，以工会和兴趣小组为依托，有计划、有组织地开展文体活动，并定期组织比赛活动，促进员工快速成长。

　　牡丹卡中心非常注重行业内交流，积极参加中国银行业协会客户服务中心联席会的各类活动，加强与同业的相互学习借鉴，为提升行业整体服务水平作出应有的贡献。同时，注重加强与社会各界沟通，积极响应国家号召，引导社会舆论，对维护银行业金融机构声誉，树立良好的行业形象奉献力量。

第二节　中国农业银行

一、中国农业银行运营中心

中国农业银行 95599 客服中心经过近 10 年的发展，已初步形成了以语音客服为主，以网上客服、微博客服、微信客服、邮件客服、贵宾客服专线、私人银行客服专线、海外客服专线及"互动 e 站"在线网络咨询服务平台等渠道为补充的多渠道服务体系，是中国农业银行运营管理板块的重要组成部分。

农业银行共有客服中心（天津）、"三农"客服中心（成都）、客服中心（上海）三个总行级客服中心，现有员工 2 000 余人，先后多次荣获行业内及行内颁发的先进服务单位、精英团队等奖项。

客服中心目前的呼入业务覆盖全国，同时，在全行范围开展个贷催收、农贷催收等呼出业务，积极探索和拓展客户关怀和外呼营销业务。客服中心目前日均服务 18 万余人次，接通率保持在 90% 左右，服务能力和基础管理扎实、服务体系和运营管理体系完善、员工队伍和企业文化建设取得明显成效，为提升农业银行客户服务体验、维系客户、增强客户忠诚度、提升农业银行服务品牌和核心竞争力等方面作出了重要的贡献。

在金融改革不可阻挡的形势下，农行客服中心更是积极倡导"紧扣潮流、客户至上"的服务理念，用多维度的服务视角，开创着客户体验的新兴土壤，用燎原之势的拓新精神，推动着经营渠道的不断成熟，用追求卓越的服务意识，打造着专业化的服务团队。

二、中国农业银行信用卡客户服务中心

中国农业银行信用卡客户服务中心成立 10 年来，秉承"至诚相伴"的农行信

用卡品牌理念，始终坚持创新，不断追求卓越，现已实现沪、渝、皖多地服务中心联动运营，座席代表规模近 2 000 人，设有金普卡、白金卡、收单商户服务等多条服务专线，实现了信用卡业务咨询、投诉处理、集中作业、特约商户服务、电话营销等业务的全覆盖。

中国农业银行信用卡客户服务中心以客户体验为核心，实施精细化管理，专业服务品质获得业内广泛认可，曾荣获"银行业优秀客服代表奖"等殊荣。

农业银行信用卡客户服务中心在多年的发展中坚持客户导向，创新服务渠道，完善管理手段，积累优质经验，逐步形成了农行信用卡客户服务发展的"五全"特色：

全统筹运营规划——科学规划上海、重庆、合肥三大客服中心发展，实现统筹管理与专业运作结合，形成了以服务为主、营销为辅的运营模式。

全渠道创新服务——着力探索新型服务渠道，推动传统渠道与智能渠道协同发展、高效融合，现有服务渠道涵盖微博、微信、手机 APP、网银、短信、IVR 语音、邮件、网点等，实现对人工话务的高效分流。

全流程归口管理——统一制定、归口管理全业务流程规范，保障品质标准和服务流程的规范、统一，确保每一位客户都能体验到真诚、一致、高效的服务。

全方位质量管控——以客户满意度评分为服务质量主要评价指标，融话前培训、话中辅导、话后质检为一体，全方位、多角度进行内部质量控制管理。

全集中外呼作业——2008 年设立第一个主动外呼营销团队，现已拥有一支专业化外呼服务队伍，依托大数据挖掘技术，实施差异化营销策略，深入经营优质客户，提供客户唤醒、客户关怀、客户维护等具有高价值创造能力的外呼服务。

未来，农行信用卡客户服务中心将持续创新服务渠道和管理方式，实现客服中心运营效率、服务品质和客户体验的同步提升，打造具有信用卡客服中心特色的"心易通"服务

中国农业银行
AGRICULTURAL BANK OF CHINA
信用卡客服中心

以信为本
真诚服务

☎ 400-66-95599
400-61-95599(贵宾热线)

品牌，建设一个全能型、专业化、口碑好的标杆型客户服务中心。

第三节　中国银行

一、中国银行客服中心

中国银行客服中心于 2004 年成立，目前主要负责开展综合客服业务集中运营与专业化管理（不含信用卡客服业务），按照业务逻辑统一、服务标准统一、管理模式统一的总体要求，通过电话、短信、在线客服、微博、邮件、传真等多渠道为海内外客户提供 7×24 小时全天候的自助服务及中、英、粤语人工服务，服务内容覆盖个人金融业务、电子银行业务、公司金融业务，主要包括业务咨询、账户查询、应急挂失、转账、投资理财、电话漫游等服务。

近年来，中国银行客服中心始终秉承"担当社会责任，做最好的银行"的发展理念，以客户为中心，持续增强客服精细化、专业化管理水平，确保连续、安全、高效运营，有效提升安全运营能力、服务价值贡献度和内涵价值，积极赢取市场竞争优势，争取做最好的银行客服。客户服务手段不断完善，形成了声对声、文对文、面对面的多渠道、多媒体的客户服务模式。客户服务范畴不断扩展，实现了内地客服与海外客服间的无缝对接服务，确保了客户对境内外电话服务感受的一致性。惠民服务项目不断增加，设置银医通专线、社保养老金查询、火车票退票查询及退款争议账款受理等服务，为客户提供便利，从而树立了良好的中国银行社会品牌形象。

中国银行客服中心以先进的服务理念，优质的服务体验获得了行业组织、银行同业及国内外客户的一致好评和广泛认可，并获得了"全国金融五一劳动奖"等多个荣誉称号和奖项。

二、中银金融商务有限公司（中国银行信用卡中心客户服务中心）

中国银行银行卡客服中心以专业化为服务导向，业务类别上分别开设了呼入组、高端卡组、特殊产品组、品质监控组、外呼营销等不同组别，为不同客户提供个性化的全方位优质服务。

客服中心为客户提供全年 365 天，每天 24 小时不间断的温馨服务，专注于从客户的角度出发，集呼入、呼出、自动语音、网络在线、传真、邮件、微博、微信等各种受理渠道为一体的全天候服务平台，为境内外客户提供热情、高效的客户服务支持。中行银行卡客服中心特色包括：

（一）多元化的人员配置、多语种客户服务能力

高端卡组配备精通中、英及粤语服务的客服代表，可为海外客户群体提供服务，且配备公务卡专线，为公司集团客户提供客户服务支持。

（二）异彩纷呈的增值服务预约

如高尔夫预约、免费道路救援、多重保险保障等，全方位满足高端客户对于休闲、商旅、安全出行、个性化服务的需求。

（三）多渠道问题反馈窗口

增加客服受理范围和业务量，提升客户满意度：客服中心设有在线客服组，主要为客户提供咨询类服务，包括业务咨询、营销咨询等。同时，对于微博渠道的客户反馈由专业公司进行搜集问题列表，而后由处理人进行文字回复。

（四）丰富多彩的积分服务

负责对客户提供包括数码礼品、家居日用、家用电器、专属积分等丰富多彩的积分礼品咨询及兑换业务。

（五）逐步走向市场化的外呼服务平台

客服中心外呼营销根据不同客户群体的需求，配以差异化话术文本，实现有计划、有组织、高效率的信用卡销售与服务。目前提供的营销项目包括外呼激活、

新卡获取（交叉销售）、动卡促销、分期付款、销户挽留、卡片升级等，同时与数家保险公司进行合作，不断扩大客户群体。外呼营销中心使用业绩普遍采用的预览式外拨呼叫系统（OBTM），极大地缩短外拨等待时间，提升客服代表的平均效率与产能。通过 OBTM 及 AVAYA CMS 报表管理系统，实现实时监听、在线援助、业绩监控等管理功能，有效提高团队绩效。

第四节　中国建设银行

一、中国建设银行个人存款与投资部电话银行中心

中国建设银行个人存款与投资部电话银行中心（以下简称电话银行中心）成立于 2008 年 10 月，全面负责电话银行业务。按照优化资源配置理念，建设银行电话银行业务采取集中分布运营模式，拥有北京、成都、武汉、兰州、广州、合肥 6 家直属电话银行中心，员工总数达 2 000 多人，其中本科及以上学历人员达 60% 以上。

近年来，为更好地把握经济全球化和转型创新带来的机遇，在激烈的市场竞争中赢得主动，紧紧围绕将电话银行建成"国内最佳，国际一流"总体目标，坚持"以客户为中心"的经营理念，在服务方式、服务范围、服务内容等方面不断求变与创新，提升服务能力和服务品质，得到社会各界广泛认可。

目前，电话银行已成为客户办理各项金融业务的主要渠道之一，提供 7×24 小时金融服务，集自助、人工为一体，发挥着服务渠道和服务窗口的双重作用。客户通过电话银行可办理查询、缴费、挂失、理财、转账等多种非现金业务，同时还开展客户关怀、通知提醒、信贷催收及产品营销等业务。

为精细化服务客户，在原有 95533 号码基础上，设立 4008895533 号码，服务全行高端客户。在服务语言上，可提供普通话、粤语、闽南语、英语、日语、俄

语等多语种服务。在服务范围上，完全覆盖大陆地区，还扩展到港澳台地区。随着技术的进步及客户需求变化，电话银行积极拓展服务形式，形成了集电话、短信及互联网等于一体的综合金融服务平台。

电话银行中心设有专门的问题解决中心，不仅处理各类客户问题，还负责全行客户问题处理工作的管理。通过制定一系列规章制度，全行问题处理工作不断规范；通过建立全行统一的问题处理体系，有力支持全行各渠道提高客户问题处理的质量和效率，客户满意度和忠诚度不断提升。

在做好本职工作的同时，建设银行始终视履行企业公民责任为己任。先后在北京奥运会、上海世博会及广州亚运会等重大活动期间做好客户的服务工作，为外国客户提供日语、俄语等小语种服务。同时，积极组织员工投身各类公益活动，展示了建行员工创先争优、扶贫济困的社会责任和良好的社会形象。

在全行的努力下，建设银行电话银行获得了市场及行业的高度认可，建设银行先后担任中国银行业协会客户服务中心联席会第一届副主任单位和第二届主任单位，2013年被评为中国银行业协会最佳联席会副主任单位。成都电话银行中心作为建设银行乃至全国金融系统内首家总行级集中式客户服务中心，获得国家信息产业部呼叫中心标准指导委员会颁发的"年度中国最佳呼叫中心"及"亚太最佳呼叫中心"等称号，成都、武汉及广州电话银行中心获得共青团中央颁发的"全国青年文明号"称号，北京及武汉电话银行中心于2011年及2012年分别荣获中国银行业协会颁发的最佳"客户服务中心优秀单位综合示范奖"。2013年在中国银行业协会首次举办的"寻找好声音"业务技能竞赛活动中，建设银行电话银行中心分别荣获团体和个人的最高奖："客服好声音"团队奖和"客服好声音"个人奖。

二、中国建设银行信用卡中心

建设银行信用卡客户服务以"为客户提供最佳服务体验，打造信用卡客户服务第一品牌"为战略愿景，以客服热线 400-820-0588 为服务主渠道，为龙卡信用卡客户提供全年 365 天、全天 24 小时的信用卡专业服务。作为联结客户的重要纽带，400 客服热线除普通中文服务外，另设有贵宾服务、英文服务、粤语服务、行内员工、争议处理、分期信贷、风险预处理、电话催收、电话营销、客户挽留、投诉处理等专线或专门团队，为客户提供"一站式"的星级服务体验。而囊括人工电话、自助语音、在线客服、短信、网上银行、电子邮件、微信等新兴服务渠道的差异化服务体系，也更好地适应了激烈的市场竞争和不断变化的客户需求。

成立 12 年，建行信用卡客户服务的业务规模和员工队伍随着信用卡发卡量的攀升迅速发展壮大。2011 年，为进一步提高资源利用效率、提升客户服务能力，建行信用卡中心将电话营销、争议处理、客户协助和原有客服中心进行整合。整合后的 400 客服中心已形成了上海、苏州、天津、兰州、南宁五地多中心的"大客服"战略发展格局，全国总席位数达 3 600 席，员工总数超 4 500 人，为建行近 5 000 万信用卡客户提供了强有力的服务支持。

在业务快速发展的同时，建设银行信用卡客户服务在追求卓越的创新之路上不断进取。国内首推 IVR 动态菜单，为客户提供个性化的智能服务体验；国际先进的排班管理软件，实现了话务量的精确预测和人力资源的合理配置；"卓越绩效管理"通过"以人为本的数字化绩效管理"，在大规模运营的环境下，帮助员工个人和团队提升服务业绩水平和稳定性；区域化服务策略充分考虑到了电话服务中方言、文化差异等因素可能导致的沟通障碍，能根据来电客户所属地区，将客户优先接入附近区域的运行中心，并利用电话溢出策略平衡运行中心的电话负载压力，在行业应用中达到领先水平；2013 年推出的微信服务渠道，在顺应互联网金融发展的同时，满足了客户信用卡申请、账单查询、购汇还款等主要用卡需求，

截至目前，绑定客户数已超过 320 万。此外，短信查询、网银改造、手机应用、机器人客服等一系列新服务渠道的开发，也使得建行信用卡中心着力打造的"新型多元服务体系"成为了业内发展的创新标杆。

高效的运营管理、完善的服务机制、严格的品质监控也使 400 在服务质量和服务效率上得到客户的广泛认可。2008 年，建行信用卡客服中心被奥组委评为"运行保障突出贡献单位"。2010 年、2012 年银行业协会优秀客服中心评选中，分别荣获"最佳服务奖"、"优秀创新奖"；2013 年还获得中国银行业协会颁发的"客服好声音"团队奖。

第五节　交通银行

一、交通银行电子银行部客户服务中心

交通银行 95559 客户服务中心经过 10 多年的发展，目前形成了以上海为总中心，武汉、南宁共三个场点服务全国、统一动态管理的运营体系，拥有 1 600 多名客服人员。交行客服中心以超越创新的理念，运用各种先进的技术手段，使其成为一个完整的综合信息服务系统，有效地为客户提供"及时、温馨、满意、高效"的高品质服务。在"人本化服务管理、专业化服务品牌"的核心价值观引领下，交行客服中心对外是客户服务及全行业务拓展的"服务中心"和"经营营销中心"，对内则是全行各类业务发展的服务支撑，是全行整体服务水平提升的"后援中心"。

创新的联络渠道与丰富的客户服务功能：交行客服中心在提供标准规范化服务的同时，形成三级客户分类服务模式满足客户个性化、差异化的金融服务需求。客户不仅可通过 95559 获得自助和人工客服代表提供的 7 × 24 小时中、英文及粤语服务，还可通过微信、短信、网络等渠道，享受到文本、图片、音视频交互服务。中心将桌面共享技术运用于客户服务中，通过远程智能柜员机（iTM）实现设备、银行远程服务人员、远程专家与客户的协同，全程咨询、协助客户办理各类金融业务。客服中心以建设"远程智能银行"为发展目标，实施远程财富管理项目主动维系中端客户，通过远程客户经理与网点客户经理形成线上线下"1+1"的联动

服务，多渠道开展营销、交易、关怀，为客户提供多样化的理财增值服务。

建立高效的服务机制提升客户体验：中心重视内外部客户体验，依托先进的知识库与客户意见信息流转管理系统，制定了完善的客户意见管理机制和客户体验反馈机制，使客户需求和市场信息快速高效地在全行传递、解决和共享，不仅有效改进了客服中心的服务流程，更促进了业务部门优化、创新产品和功能。

科学的运营模式实现多场点跨域统一管理：中心运用 CCCS 五星级运营绩效管理模式实施多场点的统一动态运营管理。通过构建完整有效的质量监管体系和完善的培训制度，提高员工服务素质；通过科学严谨的业务量预测，制定实施合理的人力资源管理计划、排班运作及现场管理，确保服务水平和服务质量的持续稳定。

人性化团队管理营造和谐发展氛围：中心建立可持续发展的员工激励机制和科学合理的考核机制，打造了积极进取的团队氛围，搭建了良好的员工职业生涯规划平台，实现了人力资源的合理配备、人才队伍的稳定成长和人员工作热情的积极持续。

经过多年的发展，交通银行客户服务中心打造了良好的对外服务品牌形象，获得了社会各界的好评，2013 年被评为"中国银行业协会最佳联席会副主任单位"；在中国银行业协会优秀客服中心评选中连续两届蝉联"综合示范奖"；2013 年获得中银协"好声音"团队奖；2009 年至 2010 年度获得中央国家机关团工委颁发的"中央国家机关青年文明号"和 2012 年度"全国五四红旗团支部"；2010 年获得上海市"巾帼文明岗"；2009 年获得中国人民银行"银行科技发展二等奖"，客户满意度持续提升。

二、交通银行太平洋信用卡中心客户服务部

交通银行太平洋信用卡中心客户服务部是交通银行信用卡业务的主要服务窗

口。主要依托电话、短信、网银等渠道为3 000多万信用卡客户、各分行和商户提供全年无休的服务支持，并始终秉承着"以客户为中心，用客户的脑袋去思考"的理念，提供卓越服务，愉悦客户，旨在打造"最值得信赖的客服中心"。客户服务部分为呼入业务、呼出业务、作业支持、管理支持四大业务中心。

（一）呼入业务中心

主要分为客服前台：普通客服、资深客服、VIP客服、客户关怀组，资源管理组及综合事务组。客服前台主要承接24小时客户服务工作，集中受理所有与贷记卡业务相关来电咨询、投诉处理和各类业务处理。资源管理组，通过话务分析，合理安排人力，保证客户每通来电均能及时被接起。综合事务组，集中处理人事管理、各项行政事务等。

（二）呼出业务中心

2009年6月正式成立，主要针对目标客户进行外呼营销，包括外呼获卡、睡眠户激活、消费促进、账单和好享贷分期等。从2010年10月至今，电销呼出继续扩大业务规模，在花桥建立了外包中心。目前花桥外包中心无论从人员效率、业务质量及人员稳定性上均已迅速赶超卡中心本部自营情况，并将继续为卡中心电销业务的发展发挥着巨大力量。

（三）作业支持中心

作业支持中心由争议、授权、作业外包和作业支持组成。承担信用卡争议和退单、卡片和账单的印制、积分礼品管理与配送、短信平台管理等作业处理。秉承着"前台服务客户，后线服务前台"的宗旨，发挥专属职能，是公司强有力的作业支持保障。

（四）管理支持中心

管理与支持团队是由系统项目、培训、流程制度、知识运维以及业务监控团队组成，系统项目团队旨在通过优化改善各类系统提升客户满意度缓解人工服务压力。培训团队，为新员工、在岗员工提供业务培训。流程制度团队负责制定各项业务流程与管理制度。知识运维团队通过对业务知识梳理及管理支撑客服代表日常工作。业务监控团队通过对既定的业务流程、管理制度的检查，发现问题，

提出整改意见，做好内部合规工作、防范风险发生。

客户服务部始终秉承"做最值得信赖的客户服务中心"的宗旨：成为客户的贴心朋友，急客户之所急，想客户之所想，做到"值得客户信赖"；成为企业的坚强支柱，做大做强做长服务式营销，从成本中心向利润中心转型，提高运营效率，提升客户满意度，做到"值得企业信赖"；成为员工的温馨家园，成为集客户服务、数据库营销和作业支持三大职能为一体的综合性客服中心。

第六节　中国邮政储蓄银行

一、中国邮政储蓄银行 95580 客服中心

中国邮政储蓄银行 95580 客服中心于 2008 年 6 月开始运营，位于北京市，隶属于中国邮政储蓄银行总行电子银行部，为客户提供 7×24 小时咨询、投诉、建议、电话回访等服务。

95580 客服中心是全国集中、统一的客服中心，实现了对全国 36 个分行、36 000 多个网点、4.2 亿邮储银行客户提供自助和人工服务。2013 年，在成都和合肥设立分中心。客服代表从发展初期的 40 多人增加到目前的 700 多人。设有招聘管理、培训管理、现场运营、质量管理、投诉管理、综合管理等条线，共有接线小组近 60 个。自 2008 年至今，95580 客服中心日均呼入电话总量增长十多倍，电话银行累积注册客户达到 7 600 多万户。

95580 客户服务中心制定了运营管理规范，实现规范化管理，五年来，95580 客服中心不断学习、发展，并且根据实际运行情况完善各条线的业务处理流程及管理构架，制定了全面、详细、可操作性的管理体系。同时不断完善人员晋升机制，

明确人员发展规划，确定岗位设置标准、比例和人才晋升通道，落实客服中心人员梯队建设工作。

为提升员工工作效率和工作热情，95580客服中心定期开展丰富多彩的团队建设活动，如知识竞赛、服务之星评选、接线能手评选、打字比赛、篮球赛、羽毛球赛等，极大地丰富了员工的业余文化生活，缓解工作压力，增强团队向心力和凝聚力，提升员工归属感和工作积极性。

95580 客服中心的突出成绩得到了广大客户和业界的高度肯定，先后荣获中国银行业协会颁发的"最佳服务奖"、"客服好声音"团队奖及多个个人奖项，为邮储银行和集团公司赢得了荣誉。

二、中国邮政储蓄银行信用卡客服中心

中国邮政储蓄银行信用卡客服中心（以下简称客服中心）成立于 2008 年，信用卡客服专线 40088-95580，白金卡客服专线 40089-88888。成立至今，一直秉持着"鼎力服务、鼎力为您"的服务理念，目前在北京、合肥两地设有三个分中心，员工规模逾 400 人。

客服中心当前组织架构主要包括前台、后台两部分。其中，前台负责生产运营，即现场管理；后台包括工单投诉、质量控制、业务管理、培训、系统维护、文化宣传、综合行政等岗位，负责支撑客服中心的运营工作。

客服中心作为承担全国近 600 万信用卡持卡人贷后服务的大型呼叫平台，是信用卡业务生产流程和风险管理的重要组成部分，是信用卡服务价值的重要战略平台，为客户提供高效优质的服务。自客服中心成立六年来总话务量 6 400 余万通，总交易量超过 7 000 万笔，能够为客户办理激活、挂失、分期、调额等涵盖信用卡生命周期的全方位服务。在稳步提升服务能力的同时，客服中心始终贯彻

"一切为了客户满意"的服务宗旨，坚持以 100％受理、100％处理、100％回复、100％满意的服务准则，提高客服工作整体质量及用户满意度。

目前客服中心电话接通率保持在 90％ 以上，荣获中央国家机关团工委授予的"青年文明号"称号，并受到媒体调查好评，客服中心将再接再厉，大力弘扬青年文明号"敬业、协作、创优、奉献"的精神内涵，立足本职岗位，争创一流业绩，弘扬文明风尚，切实发挥模范带头作用，不断取得新的成绩。

未来十年，将形成以北京为总中心，合肥、成都等地为分中心的总分运营模式，形成外呼营销、话务分流、灾备建设、配套设施、管理人员培养等一系列高效机制，力争打造国内同行业一流的客服中心。

第二章
股份制商业银行客服中心概况

第一节　中信银行

一、中信银行客户服务中心

中信银行客户服务中心（以下简称 95558）依托中信金融平台，通过自助语音、人工座席、互联网、短信、邮件、传真等多种方式，7×24 小时为客户提供业务咨询、在线交易、外呼营销及客户关怀等服务，是中信银行集中经营客户的重要平台。

历经九年快速发展，95558 从建立初期的 76 人队伍发展到如今拥有逾千名员工，在南京、武汉、杭州、长沙、青岛五地设立了分中心。服务对象覆盖公司、零售客户，围绕全行零售银行发展战略，开展客户服务。业务覆盖外呼经营、在线交易、业务咨询、投诉处理、后台集中操作等方面。

95558 倡导扁平化管理，以不断提升客户体验和客户满意度为宗旨，实现了呼入、呼出、贵宾专线三条业务主线前后台衔接紧密。

95558 系统先进，呼入呼出一体，交易营销一体，客户信息一体；自助语音、人工座席、多媒体等客户联络系统，界面友好、功能丰富；配套的知识库、排班、质检、工单等内部系统，实用有效、作用显著。最新推出的微信、微博、微米、金融商城等业务推介方式，满足了不同层面客户的需求。

九年历程，铸就了 95558 光辉岁月。在中国银行业协会举办的评选活动中，一举获得 2010 年度"综合示范奖"和"优秀关怀奖"两项大奖以及 2012 年度"优秀创新奖"。

展望未来，95558 将对外秉持"真情服务客户，用心追求卓越"，对内秉持"隐形的翅膀，支持的力量"的理念，科学管理，全力打造行业优秀客服人员平台，以客为尊，尽力提升专业服务水准，承载便捷优质服务客户的历史使命，不断为中信银行和客户创造价值。

二、中信银行信用卡中心客户服务部

2003年，中信银行信用卡客服中心伴随中信银行信用卡中心的成立而诞生。历经十年风雨，中信银行信用卡客服中心已经成长为拥有两个职场、1 600多个席位、1 900多名客服人员、服务于2 600多万张信用卡的大型呼叫中心。

中信银行信用卡客服中心通过电话、网络、微博、微信等渠道为全国信用卡客户提供一站式7×24小时远程服务。数年来，客服中心始终坚持深化服务细节、关注客户体验、创新服务产品，用现代化的思维及行动顺应时代变革，通过推动"客户体验中心、价值创造中心、员工发展中心"的建设，持续提升服务品牌影响力及竞争力。

中信银行信用卡客服中心于业内首创服务营销一体化运营模式，从服务角度实现客户需求的精准捕捉与客户价值实现的最大化，促动客户、企业、员工的多方共赢，为推动客服部成为行业领先的"利润中心"奠定坚实基础。通过打造高端服务品牌，"专注高端、细分经营"的服务理念，"一对一"的贵宾秘书专属服务策略，始终处于业内领先地位，赢得众多贵宾客户口碑，服务品牌业界闻名。开创微博、微信服务渠道，实现用时最短、关注率高、互动次数频繁的佳绩，满足了不同客户的差异化服务需求。

中信银行信用卡客服中心凭借其在服务定

位、策略管理、运营模式以及人员管理等诸多方面的优势得到了业界和社会的广泛认可。

第二节　中国光大银行

中国光大银行电子银行部客户满意中心

中国光大银行电子银行部客户满意中心（以下简称客户满意中心）是面向全行客户的综合性客户服务中心，隶属于总行电子银行部，分别设有北京、武汉两个中心。在管理机制方面，客户满意中心采用"六统一"（统一规划、统一建设、统一系统、统一标准、统一服务、统一管理）的管理模式。

几年来，客户满意中心终始将"一站式的服务中心、便捷的交易中心、低成本的营销中心、内部服务支持中心和客户信息采集中心"五大中心作为自己的职能定位，不断拓展服务功能，不仅保持了"三高三低"的运营目标（即高接通率、高服务响应率、高满意率、低转接率、低投诉率、低工单率，全中心每年的人工接通率保持在 95% 以上，客户满意度保持在 98% 以上，客户的投诉率在十万分之一以下），而且从 2010 年开始创新性实行"服务转营销"以来，实现信用卡账单分期手续费收入 15 亿多元，营销开通网上银行、手机银行近 300 万个，为全行的业务发展作出了贡献。

通过多年来的不断努力，客户满意中心形成了自身的特色并在同业中具有一定的竞争优势。一是建立"一中心，全业务"体制，提供全面的银行业务服务。客户满意中心是首家集信用卡业务与非信用卡业务一体化管理的金融客服中心，有效为客户提供"一站式"服务，开展员工双技能培训，使其每名客服代表同时具备信用卡、借记卡以及个贷等各类银行业务的综合服务能力，充分让客户感受到"一站式"服务的快捷，提高一次性解决率。二是创新处理机制，采用全方位流程。首先，通过自助设备服务的不断升级，在国内银行中首创"先出卡后出钞"的取款流程和吞卡主动外呼模式，有效避免客户产生风险，提升客户满意度体验。其次，打造全行级知识库系统，实现全行员工知识共享平台，确保对外服务的时效性、准确性、统一性。最后，建立全行级工作流系统，有效提高内部管理的工作效率，保证客户问题得到及时的处理。三是拓展服务领域，多渠道协同服务。在传统电话服务领域的基础上，逐步实现网络在线专家业务受理、自助设备监控管理、电话营销外呼业务等，通过网站、网上银行、手机银行、短信平台、电话银行、视频客服等各渠道的有效协同，为客户提供方便快捷的服务。四是重视客户体验，倡导易用性服务。通过资源的优化和整合，客户满意中心成为首家将人工服务放在语音菜单第一位的银行服务中心，同时语音菜单瘦身的创新，为客户提供了更精细化服务，有效地节约了客户在自助语音的时间成本，提升了客户满意度。五是发挥组织力量，创建一流文化。客户满意中心始终秉承"对外以客户为中心、对内以员工为中心"的工作理念，紧密围绕中心重点工作，持续开展"五最团队"、"绩优评比"、"服务质量十大标兵评选"等品牌活动；成立"阳光语言艺术俱乐部"，积极开展"诵、读、说、写、讲、演、唱"各分部的活动，努力丰富广大员工业余文化生活，帮助员工建立良好的学习习惯；成立"阳光心语俱乐部"，让员工相互解决工作中的困难、压力以及心理问题，全心全意服务员工。让员工与企业共成长共发展、为员工创造价值，形成积极、向上、健康的文化氛围。

第三节　华夏银行

一、华夏银行电子银行部客户服务中心

华夏银行于 2000 年建成区域分散式客户服务中心，并自 2001 年开始启用全

国统一客服号码 95577。

2005 年建成总行集中式客户服务中心，并于 2007 年完成了分行客户服务中心上收工作，形成全国统一客户服务中心，实现全行服务标准化、业务流程标准化、培训标准化、质量控制标准化。

总行客户服务中心自建立以来，紧紧围绕华夏银行战略发展规划，一切从客户需求出发，采用国际上先进的以客户为中心的系统架构，7×24 小时为客户提供账户查询、转账汇款、跨行资金归集、短信定制、投资理财、业务咨询和受理投诉等全面的银行服务。

华夏银行客户服务中心始终秉承"以人为本，客户至上，卓越服务"的核心价值观，以"打造一流的客户服务中心，为客户提供一流的服务"为愿景，以"让每一个客户满意，实现客户与银行共成长"为使命，形成了制度透明化、流程标准化、管理规范化的客户服务中心运营管理机制。目前，华夏银行客户服务中心已形成高效运转的现场服务与后援管理的基本服务框架，建立了数字化的过程管理体系、透明的绩效考核体系、公开的星级晋升体系，形成了包括定位与方向、客户价值、发展策略、绩效管理、人员管理、运营管理、流程管理等内容的全面管理体系。

同时，华夏银行客户服务中心积极运用互联网金融思维，致力于提供客户最易接受、使用最便捷的智慧服务，打造了包括智慧导航、智慧识别、智慧归集、智慧提醒等在内的一整套智慧系列服务。其中智慧导航，解决了传统客服热线菜单层级深、按键选择多的弊端，只需客户"说"出自己想办理的业务，语音导航将迅速调用到客户需要的菜单，为客户提供个性化的一步到位的语音服务；智慧提醒，可以短信形式将客户经常咨询的网点、取款机、柜台签约手续等信息内容发送到客户手机上，方便客户备查使用。华夏银行还将陆续引入视频客服、微信客服和智能机器人等新型智能自助服务，全力打造一流客户服务中心，为客户提供一流的服务。

华夏银行 95577 客户服务中心，在客户服务的道路上一直孜孜不倦、兢兢业业、不断创造服务价值，得到了各方面权威机构的认可与肯定，连续两届担任中国银行业协会客户服务中心联席会副主任单位，在 2013 年被中国银行业协会评为"中国银行业协会最佳联席会副主任单位"；连续两届被中国银行业协会评为"优秀客服中心综合示范单位"；在协会 2013 年"寻找好声音"竞赛中荣获"卓越风采团队"和"卓越智慧团队"称号；成为全国第一个获得"全国三八红旗集体"荣誉称号的银行业客户服务中心。

二、华夏银行信用卡中心

2007 年 6 月 18 日，在北京世贸天阶的上空，随着莱茵河水与黄河水的融合，华夏银行信用卡正式对外发行。同时，作为客户与信用卡中心沟通的桥梁，华夏银行信用卡客户服务中心应运而生。

在过去的六年里，华夏银行信用卡客户服务中心依托 4006695577 客户服务平台，为客户提供 7×24 小时、全方位的服务与关怀，成功地将高水平的精细化管理理念渗透到团队发展与客户服务的每一个角落，在短时间内实现了服务规模、人员管理、系统建设、服务品质等方面卓有成效的长足发展：

在服务规模发展方面，截至 2013 年末，华夏银行信用卡客户服务中心已从一个只有十几席的小型、单一、单点型服务中心逐步发展为可容纳 245 名客服代表同时在线、多服务渠道及全方位的大型多媒体客户服务中心。

在人员管理方面，华夏银行信用卡客户服务中心本着"以人为本"的管理理念，通过完善的技能等级评审制度及专业的业务培训体系，为客服人员打造起公平竞争、广阔多元的职业发展空间。组织业务竞赛、户外拓展等丰富多彩的业务生活，更是让客服人员在繁忙的工作之余，充分融入团队，感受到集体的温暖。

在系统建设方面，随着网络及通信技术的迅速发展，华夏银行信用卡客户服务中心始终紧跟时代发展脉搏，拓宽经营思路，使用行业领先的语音和系统集成平台和技术，坚持为客户提供优质的服务体验为原则，建立集客户语音自助服务、客户优先进线系统、客服人员服务支持系统、数据支持决策系统、录音系统以及现场服务监控系统等完备的客户服务平台，在系统平台支持层次确保在客户自助业务办理、人工服务效率和质量以及持续的服务改进等环节得到良好的系统支持，力求将科学发展、服务客户落到实处，积极向智能服务中心的先进模式高速迈进。

在服务品质保障方面，"从倾听开始，让服务永恒"是华夏银行信用卡客户服务中心对客户不变的承诺，也是我们孜孜不倦、赖以发展的服务信条。2009 年 7 月，成立仅两年的华夏银行信用卡客户服务中心便在中国服务贸易协会、中国信息协会共同主办的"中国最佳客户服务评选"中荣获"中国最佳服务特色奖"的殊荣。2011 年 1 月，更是在 2010 年度中国银行业优秀客服中心评选中获得"最佳关怀奖"的肯定。2013 年，华夏银行信用卡客户服务中心共受理客户业务 7 310 879 人次，人工接通率及服务水平均处于同业先进水平。

成绩是对昨天的肯定，而发展才是对明天最好的回答。走在大型综合服务中心的路上，华夏银行信用卡客户服务中心会用一贯热情、专业的服务，打造"华夏特色"的服务品牌。

第四节　中国民生银行

一、中国民生银行电子银行部客户服务中心

自 2012 年 95568 服务热线开通以来，民生客服始终秉持着"感动客户、服务主营、快乐工作、追求卓越"的理念，以一流的标准锻造团队，以专业的态度迎

接挑战，以骄人的业绩展示形象，从最初的 20 人发展为现在的 1 600 余人团队，将民生客服打造成为呼入与呼出并举、服务与营销并重，多渠道、专业化运营服务的综合型客服中心。

用心服务主营。2009 年，中国民生银行确定了"做民营企业的银行、小微企业的银行、高端客户的银行"的市场定位。民生客服审时度势、迅速跟进，在行业内率先开通对公、小微服务热线，明确了服务中心、交易中心、营销中心、信息中心的四大职能。民生客服还不断探索服务模式的创新，实施主动式服务营销模式。在客户提升方面，通过外拨开展全行范围的大众客户价值提升，通过 95568 与客户建立、强化关系，辅以产品绑定等手段，提高客户忠诚度，为企业创造价值。

诚心感动客户。针对客户对服务"电话快速接通、服务主动热情、业务解答准确、问题有效解决"的需求理解，民生客服从业务预测、排班、现场管理、质检监控、满意度管理、培训、知识库、投诉管理、流程管理等方面，不断精耕细作，提高管理水平，倡导数字化管理手段，完善流程建设、重视客户之声，真心为客户提供高水准的优质服务。同时顺应互联网时代的发展潮流，积极研究新时代客户体验的需求变化，开发微信服务渠道，探索全媒体交互平台的开发和应用，为客户提供多渠道的贴心服务。

真心快乐工作。民生客服以"民生家园 e 家亲"为企业文化目标，自上而下开展家园文化建设，并将员工满意度作为管理人员考评的重要指标，为员工打造多元化的发展通道、多方位的培训体系、多角度的人文关怀，从人员思想教育、能力培养和职业发展各方面提升员工综合能力和满意度，有效地控制员工流失率，提高员工凝聚力和向心力，激发员工工作热情，切实推动客户服务工作的有效提升。

精心追求卓越。多年来，民生客服以稳健的脚步在客服领域开创进取，追求客户体验的不断提升，各项服务指标始终保持较高水平。2013 年民生客服受理客户来电咨询 1 118.55 万通，涉及咨询、查询、在线交易、投诉受理等多项服务，涵盖零售、公司、私人银行等多个领域，接通率 95.12%，20 秒服务水平 82.53%，客户满意度 97.9%，提升客户金融资产超过 390 亿元。2013 年起担任中国银行业协会客户服务中心联席会副主任单位，2012 年获得中国银行业优秀客户服务中心评选"综合示范单位奖"，2013 年获得中国银行业客服中心"寻找好声音"活动"客服好声音"团队奖。

2014 年，民生客服将继续围绕全行"二次腾飞"的战略发展目标，创新人才培养方式，加强业务分析，提升客户体验，实现客服热线高效稳健运营，持续打造 95568 服务品牌。相信在全体民生客服人的努力下，民生客服必将在中国银行业的舞台上持续舞动青春，绽放魅力。

二、中国民生银行信用卡中心

中国民生银行信用卡中心客户服务部接受信用卡中心总裁室的直属领导，专职负责全国范围内民生信用卡客户的电话服务工作，是信用卡业务对外服务的窗口。民生信用卡客户服务部对外主要服务热线为 4006695568（普金客户服务热线）以及 4008108008（贵宾服务热线），同时民生银行 95568 服务热线也可转接至信用卡客服热线。虽然目前共同使用 95568 服务热线，但是民生信用卡客服与借记卡客服在组织关系及业务管理上相互独立，各自完成相关客户的电话服务工作。

随着业务的发展，2013 年信用卡中心客户服务部在成都地区成立客户服务部分部，全面实现了民生信用卡客服中心异地双灾备，目前客户服务部北京和成都两地已发展成为拥有 1 100 多名员工，服务卡量规模超过 1 700 万张的大型信用卡客户服务中心。民生银行信用卡中心客户服务部一直秉持"服务他人、快乐我心、以客为尊、创造感动"的服务理念，该服务理念正是客户服务部全体员工核心价值观的体现。

民生信用卡客户服务部自成立至今，群策群力，在企业文化建设及多元化员工发展等方面取得了丰硕成果。客户服务部曾在中银协举办的"优秀客服中心评选"中获得"综合示范单位奖"、"人才培养与发展奖"，在"客服好声音"评选中获"客服好声音"团队奖及 4 个个人奖项；2012 年度被中国银行业监督管理委员会授予"青年文明号"。同时，客户服务部在民生银行总行、信用卡中心举办的各项评选活动中荣获奖项超过 10 余项。

<h1 style="text-align:center">第五节　招商银行</h1>

一、招商银行远程银行中心

招商银行远程银行中心成立于 1999 年（原名招商银行电话银行中心，2010 年正式更名），是集咨询、交易、理财、贷款及获客、经营为一体的远程综合金融服务中心。

中心现在深圳、成都设有三个服务场地，2 000 多个座席，包括电话银行、空中银行两大服务体系，通过多媒体渠道，为全行近 6 000 万零售及批发客户提供全天候的服务，年服务客户超过 7 000 万人次（不含自动语音），其中电话人工服务占比近 80%，超过 20% 的服务量由微信、微博、在线互动等互联网新渠道完成。每分钟服务客户 150 人次，每小时完成远程交易 1 亿元，每天销售各种基金及理财产品 10 亿元，每月实现综合业务收入过亿元，每年为招行获得满意客户数以千万计。

远程银行服务涵盖了客户的绝大部分非现金业务需求，包括零售基础类业务、VIP 增值服务、快易理财、网上银行、证券投资、个人贷款、出国金融及外汇，以及公司银行服务等。2010 年，招行在国内首推"空中银行"，创新推出"空中贷款"、"空中理财"等全新服务，以"空地对接"的新模式，开展客户服务、客户关系管理与价值挖掘，与营业网点、电子银行共同形成了招行"三位一体"的立体化服务体系。

凭借在客户服务与价值创造方面的卓越表现，近年来，远程银行中心连续两届担任中国银行业协会客户服务中心联席会副主任单位，并被评为"中国银行业协会最佳联席会副主任单位"；两度蝉联中国银行业协会"优秀客服中心综合示范单位"及"价值贡献奖"，来自 95555 一线的 21 名员工获得"中国银行业优秀客服明星"称号；中银协"寻找好声音"竞赛

"客服好声音"团队奖，五名参赛选手全部荣获个人奖；并先后荣膺中国金融工会全国委员会"全国金融模范职工小家"、中华全国总工会"模范职工小家"、第 29 届奥林匹克运动会组织委员会"优秀组织单位"、"运行保障突出贡献单位"、深圳市市场监督管理局"深圳国家级金融服务业标准化示范单位"等重大奖项。

二、招商银行信用卡客户服务中心

招商银行信用卡客户服务中心于 2002 年底在上海正式建立，采取人工与自助相结合的受理方式，通过多渠道服务平台向广大客户提供 7×24 小时的全天候服务，真正实现了信用卡集中化、一体式服务。随着区域经营策略的推进，客户服务中心多点营运模式应运而生，先后在成都、武汉建立了营运中心，目前已发展至 2 700 余人规模，服务于近 2 200 万持卡人。

十一载铸就强品牌，新思路引领大时代！招商银行信用卡客户服务中心一贯坚持"因您而变"的服务理念，致力"为客户提供更新、更优、更有价值的信用卡服务"，打造招行信用卡高品质的服务品牌。早在 2005 年 2 月，客服中心已正式通过全国呼叫中心运营绩效标准认证，并屡屡获得社会和客户的认可与青睐，先后夺得中国银行业协会授予的"优秀服务奖"等多项殊荣。

2013 年，招商银行信用卡客户服务中心紧随信息技术的发展趋势，为满足互联网时代的客户需求，再次重拳出击，率先推出招行信用卡智能"微客服"平台，通过首创的"微信客服"和"QQ 客服"模式，再一次定义服务新模式。此次服务创新之举，使得招商银行信用卡再次成为移动互联网服务变革的参与者、推动者、引领者。

未来，招商银行信用卡客户服务中心将竭力运用互联网思维解决服务短板，积极探寻移动互联时代下的生存法则，围绕"简单的结构、平等的思维、灵活的机制、快速的行动、开放的心态"重塑服务优势，扎实落实"连接一切的移动互联生态、连接一切的商业合作模式、连接一切的后台管理体系、连接一切的生态运

作模式"的行动策略，以求构建移动互联沟通新模式，实现信用卡服务持续升级。

第六节　兴业银行

兴业银行客户服务中心

兴业银行客户服务中心成立于 2003 年，并启用全国统一的服务热线号段 95561，为所有兴业银行客户提供 7×24 小时全年不间断的优质客户服务，是集电话服务热线、在线客服、微信、微博、短信服务以及互联网在线服务等客户服务渠道于一体的多功能客户服务中心。历经十载磨砺，客服中心现已建设成为集客户服务、业务处理、产品营销、客户关系管理、人才培养与输送和行内服务支持于一体的全行性服务大平台。

兴业银行客服中心采取物理分离，逻辑集中运营模式，下设总行（福州）、上海、成都三地客服中心，截至 2013 年底中心共拥有人工席位 1 150 席，在册员工总数达到 1 518 人。

秉承"客户体验第一，服务创造价值"的服务理念和创新精神，兴业银行客户服务中心不断完善客户服务的标准，重点突出客服中心"多渠道接入，一体化经营，一站式服务"的经营特色。现已建成集信息交流中心和客户关怀中心、在线交易中心、客户关系管理中心和营销支持中心为一体的综合服务和全行客户关系管理的基础平台。同时整合了电话银行、网上银行、手机银行的互动服务优势，推出在线客服、短信客服、微信客服等多渠道移动互联服务，服务手段更趋多元化和人性化。

在追求发展、深化内涵的过程中以"高品质、高站位、快推进"为指引，以创"一流工作、一流服务、一流业绩、一流团队"的决心不断诠释"服务创造价值"的深刻内涵，在服务品质上争创业界一流水平，用优质服务为兴业银行创造品牌价值。

兴业银行客户服务中心自成立以来多次获得各类荣誉称号，2011 年荣获中国银行业协会颁发的"最佳服务奖"、2012 年荣获中国银行业协会颁发的中国银行业优秀客户服务中心"综合示范单位奖"和"价值贡献奖"、2013 年获得中国银行业协会颁发的"中国银行业协会客服中心联席会突出贡献奖"和"最佳联席会副主任单位"、中华全国总工会颁发的"全国工人先锋号"。

第七节　广发银行

一、广发银行信用卡客户服务中心

广发银行信用卡客服中心作为广发信用卡与客户联络的重要桥梁，始终秉承"给您更多，为您看更远"的服务理念，自 2004 年 6 月成立并投入运营以来，始终致力于创建国际一流的客服中心，创造了众多业界领先的成绩，并以"待客如友"、"用心服务"的服务理念以及"以人为本"的企业文化，打造鲜明广发特色的服务品牌。

截至目前，客服中心两个运营场地人员规模超过 2 000 人，每月平均来电量超过 400 万，人工接通率达 95%，客户服务满意度超过 98%，为客户提供 7×24 小时全天候不间断的高品质专业服务。

客服中心秉承"以客户为中心，让优秀成为习惯"的核心价值观，争做"客户期望的先觉者、优质服务的提供者、客户关系的维护者、流程革新的驱动者"。

近年来，在总行及信用卡中心的战略驱动下，客服中心锐意进取，与时俱进，前瞻性地完成了核心战略转移，把客服中心打造成一个综合服务营销平台，实现从成本中心向利润及价值中心转型，成为广发银行重要的价值创造渠道。从内部管理到产品设计均以客户为尊、从人性化的管理到高效的团队执行力、从灵活的员工招聘机制到无微不至的员工关怀，无不彰显着广发卡"勇于创新，追求卓越"的服务品牌。

辛勤的汗水，浇灌出了美丽的果实。客服中心走过了不平凡的十年，取得辉煌的成就，获得了国内乃至亚太地区业界的肯定。最近两年，连续获得中国银行业协会颁发的多项大奖，荣誉的背后凝聚了每一位广发客服人的心血和汗水、自豪与荣耀。

广纳百川，发展无限。在未来的日子里，广发银行信用卡客服中心将不断创新、锐意进取，创造新的辉煌。

二、广发银行客户服务中心

广发银行客服中心成立于 2007 年，面向全行银行业务客户提供 7×24 小时"一站式"服务。在短短数年的发展中，客服中心经历了网银单一业务咨询、个银网银复合业务咨询、各类银行业务受理阶段，并陆续建立网上银行在线客服、VTM 智能银行客服、微信客服等多渠道服务模式，座席代表数量发展至近两百人，以提升客户服务品质为目标不断前进。

广发银行客服中心不断探索，在系统建设、运营管理、团队管理等方面逐渐走向成熟。通过对关键指标数据的分析、客户声音的多渠道搜集和跟踪、服务质量的把控及服务模式的不断创新，保证各类指标数据稳中有升，并保持着健康发展的良好态势。通过开展团队文化活动，采取月度、季度及年度竞评等激励措施，引领员工追求更高的服务质量，为客户提供真心、诚心、贴心的专业化、个性化、智能化服务。

为适应智能时代的发展，广发银行客服中心在全行发展战略指引下，打造行业领先的现代化多媒体立体客户服务体系，其中 VTM 智能银行服务渠道的建设，为全行打造"24 小时金融便利店"服务品牌打下坚实基础。为提升客户服务体验，广发银行客服中心坚持"以客户为中心"的服务宗旨，致力于改进服务手段、优化服务结构、改善服务环境、提高服务质量，注重学习和借鉴先进的服务理念和管理经验，提高综合服务容量及效率。

在未来，广发银行客服中心亦将持续创新，不断进取，为客户提供更优质、更便捷、更智能的服务。

第八节 平安银行

一、平安银行客户服务中心

平安银行客户服务中心前身系深圳市商业银行客服中心，于 2002 年在深圳成立，2007 年平安集团控股深圳商业银行后更名为平安银行客户服务中心。2012 年原平安银行与深圳发展银行合并后，电话中心也以全新的面貌为客户及公众服务。服务号码统一至集团服务热线 95511 及贵宾专线 4008895511，整合有效地集中了两行电话服务、网络服务资源。近年来，中心在传统服务的基础上不断探索新科技的运用，新增网络及微信等新兴渠道，已成为为银行客户提供多渠道、7×24 小时高效、优质金融服务的重要窗口。

目前平安银行客户服务中心服务对象涵盖银行零售、公司、小微客户，致力于向每一位客户提供优质金融服务，用心诠释"平安银行真的不一样"的服务理念。

（一）服务发展方向

给客户提供全方位的综合金融服务平台，让客户体验一个账户、多个产品，兼具服务、增值的"一站式"服务。

进一步整合及强化电话服务平台，在传统服务的基础上融入新科技、新理念，实现电话服务渠道专业及价值。

主动从服务需求挖掘客户资源的价值贡献，从服务中心向价值中心转型。

（二）服务渠道

7×24 小时客户服务热线 :95511-3，白金及以上客户 4008895511

平安银行网址：http://www.pingan.com.cn

客户服务邮箱：callcenter@pingan.com.cn

二、平安银行信用卡及消费金融事业部——信用卡中心

平安银行信用卡客户服务中心由原深圳发展银行信用卡客服中心及原平安银行信用卡客服中心组成，2012 年原平安银行与深圳发展银行合并后，两行电话服务中心号码统一至集团服务热线 95511 及贵宾专线 4008895511，整合有效地集中了两行电话服务及网络服务资源。为海内外客户提供 7×24 小时全天候的自助服务及中、英文人工服务。

近年来，平安银行信用卡客服中心致力于在传统服务的基础上不断探索新科技的运用，积极拓展客户服务渠道。目前已实现了电话人工、网站、自助语音、短信、微博、微信、邮件、客服机器人、移动客户端等多渠道的服务模式，内容涵盖了包括信用卡账务查询、客户资料维护修改、开卡设密、挂失换卡、分期业务、还款咨询等多样化服务内容，提升了客户体验，为平安银行信用卡客户不断打造出高效及全方位的专业金融服务。

平安银行信用卡中心始终秉承平安集团关于"专业"、"价值"、"创新"的经营理念，并以客户体验为中心，打造出了专业化的客服团队、精细化的服务模式及技术管理，确保了客服中心高效、安全运营。通过分析及优化服务流程，不断提升服务产能；通过优化完善信用卡中心服务体系，强化服务文化，有效控制及改善各项投诉指标；持续以客户满意度提升为核心，实施客户体验管理；推动优化服务品质改善流程，实施分类客户服务策略，更好地贯彻并体现了平安银行关于"专业创造价值"的主题思想。

主要服务渠道

7×24 小时客户服务热线 :95511-2，白金及以上客户 4008895511

平安银行信用卡网站 http://creditcard.pingan.com

平安天下通 APP——平安天下通信用卡公众号

信用卡智能微信服务平台——微信号：PAXYK95511

第九节　上海浦东发展银行

一、上海浦东发展银行总行客户服务中心

浦发银行总行客户服务中心（ 95528 ）成立于2004年,辖上海、成都两个分中心,拥有客户服务代表450人,形成了以客户为中心,集服务支援、交易处理、投诉处理、市场营销、信息收集、客户关系发展于一体,借贷合一、公私兼顾的金融服务体系,以及全面、快捷、人性化的 7×24 小时远程交互式人工服务平台。

十载春秋，95528 秉持"笃守诚信，创造卓越"的理念，为全行客户提供优质服务，树立起浦发银行的远程服务品牌。2013 年，服务客户近 3 000 万人次，其中人工约 850 万人次，客户对人工服务的满意度达到 99.5%；对客户申诉的按时办结率、一次办结率、客户对处理结果的满意度以及客户回访满意度分别为 99.93%、99.64%、98.22% 和 87.95%。

近年来，浦发银行总行客服中心顺应移动互联时代银行业务"技术脱媒"的潮流，积极转型，顺势而为，实践空中银行战略。空中银行重新定义了远程交互式人工服务的内涵，对各板块整合布局，将电子渠道的方便快捷与人工服务的亲切互动融为一体，打造"多渠道的全业务支援体系、人性化的电子交易平台、个性化的客户关怀模式、专业化的空中营销网络和集约化的渠道交互中心"。

多渠道的全业务支援体系，一方面做实传统意义上的远程服务，另一方面将其拓展到离岸、年金、个贷、财富管理等全新的领域。在"自助"+"人工"的二元化服务基础上，开辟了第三重服务——基于互联网的"智能"服务，让客户不必面对冗长菜单，而是由系统智能分析其需求，引导其进入所需要的服务单元。

人性化的电子交易平台，核心是"远程柜面"。95528 跳出了传统银行业务既有流程的窠臼，逐步实现了多媒体自助终端远程发卡、双向视频、微信发卡等服务。客户走进未来的社区银行，通过 VTM 与远程服务人员互联，身份核实、资料推送，乃至现金存取等，都可以在远端完成。客户和服务人员虽然相隔千里，但感觉上与实体柜面有无限趋同的可能，成为有效突破时空限制的"移动虚拟柜台"。

个性化的客户关怀模式，涵盖私人银行服务、客户关怀提醒、业务预约、综合签约等多种服务，服务对象和手段日渐差异化、分层化。并正在着手开展以大数据为基础，发端于客户行为的数据分析，系统、全面地丰富了客户关怀的内涵。

专业化的空中营销网络，实现了事先调研市场、事中"空中直销"、事后满意度调查的闭环营销流程。建立起了专业化的销售队伍和外呼队伍，"空地对接"，将适合的产品销售给适合的客户，并开创性地实施了"优质客户拯救"、"存量客户需求挖掘"等项目。随着手机银行、微信银行等新媒体成为潮流新宠，空中营销网络还将遵循"沟通"、"互动"、"个

浦发银行
SPD BANK

—— 新思维·心服务 ——

客户服务热线 95528 www.spdb.com.cn

性"、"定制"的方向迅猛发展。

集约化的渠道交互中心，"以人为本"，集成了网银、微信、第三方电商等多种渠道的远程人工服务平台，为所有虚拟渠道建立统一的"第二接触面"，从而拓宽服务渠道，集合渠道力量，提供虚拟化、交互化、全时化的一体化服务。

二、上海浦东发展银行信用卡客户服务中心

浦发信用卡客户服务中心始建于 2004 年，是浦发信用卡中心覆盖全国、面向海外的客户服务综合平台和全方位的现代化电子服务渠道。通过集约化运营，以 7×24 小时中英双语热线服务（周一至周五工作时间提供日语服务）、自助语音、网站在线客服、服务邮箱、短信互动，以及微博、微信等多个服务渠道，为客户提供全面、快捷、优质的服务。

一直以来，客服中心秉承了浦发信用卡中心的优秀的企业文化，坚持实践着"以最具竞争力的成本与最高品质的服务，提供世界一流的运营操作和技术支持"的使命，和"以客户为中心"的经营理念作为团队的核心价值观，以"成为世界一流呼叫中心"为远景目标，通过不断地努力、完善和创新，精耕细作，追求卓越，坚持不懈地推进实施精细化管理，以优质服务赢得客户的认同与赞誉，走出了自己的专业化、规范化、特色化的品牌道路，在行业竞争中确立了自己的优势与特点。

目前，客服中心已拥有三个运营中心，人员规模近八百人，在以客户为中心的经营战略和人才驱动的发展战略推动下，经过长期探索和借鉴国内外同行的成功经验，结合自身发展特点，建立了一套成熟的运营管理体系，其中包括精细化的资源规划与数据分析管理；规范化的合规风险管理与流程管理；专业化客户满意体验管理、质量管理及员工培训管理；价值显性化的员工激励管理与员工职业发展规划；特色化的员工满意工程管理和团队文化建设等。在一系列高效管理机制的作用推动下，客服中心逐步从优秀走向卓越，各项经营业绩不断取得突破，连续数年保持服务效率、客户满意度及客户表扬高速增长，并获得上海银行同业公会颁发的"上海银行业最佳客服中心奖"等殊荣。

服务无止境，浦发信用卡客服中心将在"新思维，心服务"理念的指引下，锐意创新进取，追求卓越服务，精益求精铸就一流的银行信用卡中心服务品牌！

第十节　恒丰银行

恒丰银行客户服务中心

恒丰银行客服中心创建于 2008 年，现有人员 19 名，其中总经理 1 名，副总经理 1 名，培训师管理岗人员 1 名，同时兼任知识库管理岗，工单管理员 1 名，同时兼任前台管理岗，质量监督员一名，同时兼任数据分析岗、设备管理岗及综合管理岗，一线客服代表人员十四名，客服中心提供 7×24 小时的不间断服务。客服中心主要为客户提供非现金的银行交易服务，目前可实现的业务功能：

非签约客户功能包括：账户余额查询、账户明细查询和传真业务、贷款账户相关信息查询、口头挂失、金融信息查询。

签约客户功能业务包括：个人同名签约活期账户间转账；卡本通内活期转定期、活期转通知、定期转活期业务；代缴话费业务（烟台地区：联通移动、电信；

青岛地区：联通）；公司客户的查询账户余额、查询账户明细和传真业务；储蓄（电子式）国债账户信息查询。同时受理咨询、吞卡、错账和投诉及人工服务等。

客服系统包含六个子系统：IVR系统（即自助语音系统），供客户自助操作；前台座席系统，客服代表受理来电时，为客户办理业务的操作系统；工单管理系统，与业务协作部门包括各分行传送业务工单的系统，受理投诉、疑难、预约、错账通知等，客服中心发起下发到相关业务部门及分行，分行在业务规定时限内回馈，再对客户进行回复或投诉的回访，实现工单闭环管理；知识库管理系统，集中储存业务知识及产品内容的系统。录音系统，储存通话录音的系统；柜员管理系统，即设置柜员角色及权限的系统。

自成立以来，客服中心接通率一直保持在95%以上，同时根据客户投诉时间分布规律，实行动态峰值对应管理，即在高峰时段增设客服代表人员，确保20秒服务水平运行平稳。

第十一节　浙商银行

浙商银行电子银行部电话银行中心

浙商银行电子银行部电话银行中心（以下简称中心）2005年8月成立于美丽的西子湖畔，属于一地集中运营的单一传统型客服中心，服务于全国11个省市100多家分支机构的单位和个人客户。中心秉持"以客户为中心、用心超越期望"

的服务理念，致力于为客户提供优质的远程金融服务。

中心利用电话、网络、短信、传真、邮件等多渠道服务的协同优势，为客户提供业务咨询、投诉受理、投资理财、个人贷款、客户关系管理、交叉营销等服务。客服电话、短信平台、客服邮箱全部采用 95527 标识，形象统一，便于记忆。7×24 小时的全天候值守，为客户提供高效便捷式服务。

中心十分重视客户体验，定期对电话银行菜单及客户来电内容进行分析，将客户使用频率高、客户紧需业务及客户依赖度较高的人工服务菜单置放于菜单首层，最大限度地缩短客户等候及菜单查找时间。当客户有人工服务需求时，可以在菜单的任何层级选择进入人工。

中心通过对培训课件、业务流程、知识库的反复梳理和完善，通过增强现场管理人员对客服代表的实时支持等一系列工作，打造了一支全功能的电话银行客服代表队伍，为客户提供无转接、一站式的人工服务，使人工服务效率和客户体验实现双重提升。

中心将客户关怀融入到工作细枝末节，及时收集客户需求，并始终秉承"客户服务无小事、客户投诉无小事"的理念，高度重视客户服务及投诉，对客户投诉响应、投诉处理规范和时限、投诉客户满意度及结果反馈等都作了明确的要求。客户满意度不断提升。

"有满意的员工，才能有满意的客户"，在浙商银行"你好我好大家好"的团队建设宗旨指引下，中心注重人才培养与发展，关注员工职业生涯规划，关注员工自身价值的体现、关注员工薪酬福利待遇、关注员工业余文化生活，注重舒缓员工工作压力，使员工在团队中获得了较强的归属感，"对自己负责、对团队负责、对浙商银行负责"的态度已深入人心。

目前，中心的工作获得了越来越多行内、行外客户的认可。中心将遵循"创造价值，追求更好"的浙商银行价值观，用心服务，为客户创造更多的价值。

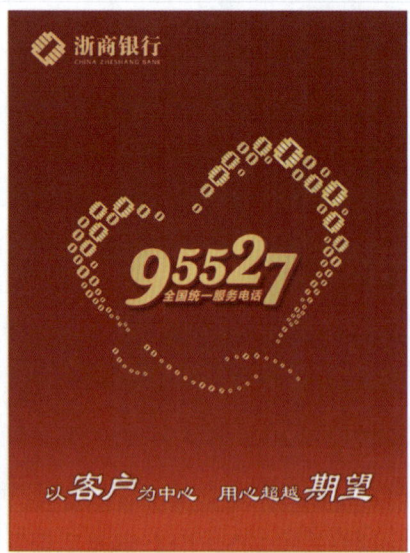

第十二节　渤海银行

渤海银行网络银行部客户服务中心

渤海银行（95541/4008888811）客户服务中心成立于 2006 年，8 年来中心与渤海银行同成长、共发展。中心隶属于总行网络银行部，是全行电子银行体系的重要组成部分；是融自助语音和人工服务为一体的全天候、一站式综合客户服务机构。与营业网点、电子渠道、自助机具等共同构成全行的客户服务体系。

渤海银行客服中心为全行客户提供集中式、多渠道服务，负责受理内、外部客户的服务需求，与行内各部门、各分支机构协调合作，共同提升全行服务品质。

（一）服务功能

客服中心电话银行提供 7×24 小时服务，向全行客户提供除信用卡业务之外的传统银行服务，满足了客户全方位、多层次的金融服务需求。作为全行重要的服务窗口之一，客服中心采取一地集中式运营模式，在向客户提供业务咨询、投诉及求助受理、交易操作等呼入服务的同时，为行内部门提供集中式外呼服务。

目前，电话银行已实现活期、定期、通知存款等多储种、多需求的查询、转账服务；电话银行缴费功能满足了客户在通讯缴费方面的支付需求；电话银行还可以购买理财产品，满足客户的投资理财需要。同时，电话银行还提供包括基金及贵金属交易查询、综合积分查询等 8 大类，共计 64 项子类业务查询功能。自助改密及口头挂失解挂等服务也可通过电话银行服务完成。

（二）系统功能

"电话柜台型呼叫中心系统"于 2012 年 1 月成功上线。目前，该系统已与行内涉及客户端的相关业务系统连接，基本具备了建设全功能客户服务中心的良好基础，将为全行业务发展提供有力保障与支撑。系统良好的兼容性和扩展性能够满足全行不断发展的需要，日后不断增加的业务及陆续开办的分支机构可以通过 95541 智能平台实现平稳过渡，无缝对接到现有服务体系中，为未来的可持续发展奠定了良好的基础。

渤海银行客服中心秉承"以客户为中心，精致服务"的服务理念，将"最快

的响应　最美的声音　最到位的服务"的服务理念传导给每一位客户，力争打造

并传导"渤海好声音"！

第三章
其他类型银行客服中心概况

第一节　城市商业银行客服中心概况

一、北京银行客户服务中心

北京银行客服中心是北京银行建设"服务领先型银行"的重要服务渠道，也是提升服务、展现形象的重要窗口。北京银行客服中心全国统一客服电话为"95526"，在北京、西安两地建有客服中心，客服代表总计160余名，实现北京、西安两地安全、高效、规模化运营。中心通过多元化的服务管道为客户提供包括查询、缴费、转账，以及国债、证券、基金、贵金属交易等投资理财类业务在内的11大类、40余项金融产品服务，并积极开展呼入及呼出营销业务，为银行创造利润，为客户打造增值服务。

北京银行客服中心在十余年的发展中，始终秉承"正确把握客户需求，以周到服务保障客户利益；诚心倾听客户建议，以进取意识促进客服发展"的服务理念，形成了北京银行"95526服务无限"服务品牌，并形成了客服中心内部独特的服务价值观和团队文化氛围。

服务口号：首都品质、一流服务

服务宗旨：真诚服务、铸就品牌

服务理念：客户至上、用心服务

团队理念：恪尽职守、同舟共济

人才理念：以人为本、赛马助马

在借鉴国内外商业银行客服中心发展模式的基础上，结合北京银行自身服务特色，将北京银行客服中心的发展定位为：立足基础服务，依托多元化信息资源，通过有序布放品种丰富的金融产品，以营销为手段实施从"服务中心"向"综合价值中心"的战略转型，打造客服中心集"基础服务、营销服务、信息收集、业务处理"四大职能于一体的综合价值中心，为北京银行的经营发展贡献更多的综合价值。

● 基础服务：普通客户服务自助化和高端客户服务定制化相结合，形成普通客户和高端 VIP 客户双服务体系，为各类客户提供业务咨询和业务受理。

● 营销服务：打造"专业化咨询 + 差异化营销"的交叉式服务模式，推荐个贷、理财等热销产品，成为高效优质的营销服务支持渠道。

● 信息收集：整理有价值信息，定期分析编制服务简报、私人银行服务月报、个贷业务简报等，为全行业务发展搭建信息共享体系，助力产品研发和营销。

● 业务处理：强化服务创新，建立"远程柜员"服务模式，扩展远程服务功能，成为快捷的交易处理渠道。

经过十几年的发展，北京银行客户服务中心形成了一套包括培训、考核、质检等在内的行之有效的服务质量控制流程，并始终坚持"质量监控助运营安全，服务支持促中心发展"的理念，强有力的保障服务高效运转，稳步实施战略转型，打造集"基础服务、营销服务、信息收集、业务处理"四大职能于一体的综合价值中心。

二、北京银行信用卡客户服务中心

2013 年北京银行信用卡客服中心着力加强管理，确立了将信用卡客服中心建设成为"最佳客户体验中心、客户声音建议等信息收集反馈中心、营销利润中心、人才输出中心"的企业愿景。

（一）组织架构

北京银行信用卡客服中心采取扁平化的组织架构，包括室经理、下设运营管理团队、流程系统管理团队、品质管理团队、专家团队以及座席团队，其中运营管理团队主要负责员工绩效考核、排班管理、客服中心数据统计；流程系统管理团队主要负责客服中心新渠道建设及新系统功能开发；品质管理团队主要负责客服中心员工培训、质量管理、知识库管理；专家团队主要负责投诉处理、工单处理；座席团队区分白金团队和普金团队为客户进行实时服务。这种组织架构可以实现灵活管理的目的,并能最大限度地契合客服中心的目前规模和未来发展需要,有利于客服中心的整体运营。

（二）团队管理及文化建设

北京银行信用卡客服中心分别从多角度致力于企业文化建设和团队管理：首先,明确客服中心的愿景及服务战略和目标,让所有客服代表有共同一致的目标,增加团队的凝聚力和向心力,为客服中心发展提供内在动力；其次,建立、修订并落实相关规章制度和流程,对客服中心全流程进行管控；再次,采取多种形式对客服人员进行培训,建立录音分析常态化机制、员工轮岗锻炼机制,以提升员工服务意识,增加人员厚度；最后,多种方式增加团队建设,设立宣传栏、组织各类主题竞赛等,通过对优秀服务人员的表彰和宣传,树立榜样,促进交流和沟通,增加团队建设的成效,形成积极、上进的工作氛围。

（三）绩效考核

北京银行信用卡客服中心摒弃以往繁琐、复杂繁多的考核项目,仅从工作量、工作质量两个维度对全体员工进行考核,秉承"多劳多得"原则,用正面激励的方式鼓励客服代表多接电话,接好电话。同时保证每周对全体员工公布实时绩效数据,全程公开透明,提高员工的工作积极性。

（四）客户服务模式

在客户服务体系的建设上,北京银行信用卡中心形成了以点带面,部门联动的服务管理体系。明确了服务管理的牵头部门,通过牵头部门发挥龙头作用,带动各业务部门不断改善服务质量。在服务渠道建设上,一方面提升传统渠道的服务水平,扩充队伍增强服务能力,做大做强电话客服中心,另一方面加大新型服务渠道的建设工作,2013年信用卡中心微信客服投产,为客户自助查询、办

理信用卡业务开辟了新的渠道。

三、天津银行客户服务中心

天津银行客户服务中心成立于 2008 年 1 月 8 日，隶属于总行电子银行部，客户服务热线 4006960296。经过十年的建设和发展，天津银行客服中心已从一个以简单受理客户业务咨询、受理客户投诉为主的客户服务部门，发展成为融自助语音和人工服务为一体的多渠道、全天候"7×24 小时"、"一站式"的综合服务平台，为客户提供查询、缴费、转账等涵盖个人业务、公司业务、贷款业务、信用卡业务、外汇业务、银证转账 40 余项服务功能，年呼入量近 300 万通，且以每年 30% 的速度递增，客服中心人员规模从筹建时的 4 人发展到目前的 27 人，随着话务量的增长人员逐年递增。

作为天津银行极其重要的服务窗口，近年来，天津银行客服中心在完善内部管理机制、优化系统操作功能、打造卓越员工团队、加强内部风险管理方面做了大量的工作。客户服务中心注重客户感受，不断提升客户的服务体验，成立数据分析岗、工单管理岗、质量监督岗、综合管理岗以支撑前台坐席服务。加强流程优化，提高运营效率；加强运营指标管理，提升服务能力；推进精细化管理，提升运营服务水平；加强模式创新，建立绩效奖金分配数据模型，实现绩效考核；学习借鉴同业先进管理实践经验，管理进行优化；加强应急管理，完善应急机制，为广大客户提供专业优质的服务。

在业务发展的同时，天津银行客服中心注重团队建设，"细节成就卓越，实干创造辉煌"的企业文化理念是客服人员的工作准则，在不断创新服务理念、拓展服务形式的基础上，客服中心实行"888"服务工作法即 8 个做到、8 个多一点、8 个一样，在所属的服务领域画出了一个完美的圆。提升服务水平，打造服务品牌，为充分调动员工工作积极性，在充分肯定先进性的基础上，每月开展"话务明星"、"优胜小组奖"等奖项的评定工作，激发工作积极性，从而达到规范服务行为和提升服务亲和力的目的。坐席的日常工作就是这样毫不起眼的琐碎、单调，每天靠声音为客户提供服务，但他们用自己特有的细心和耐心，在平凡的岗位上展现着他们心中的大舞台，员工认识到自己的价值，凝心聚力投身工作，推动客服中心健康有序的向前发展。

天津银行客户服务中心秉承"细节成就卓越，实干创造辉煌"的服务理念，以春风化雨般的优质服务去赢得用户的理解与信任，通过全体人员的不懈努力，多次受到天津市银监局、银行业协会、总工会、金融系统等有关部门的嘉奖，授予"明星服务机构"、"优质服务示范岗"、"女职工建功立业示范岗"、"文明服务窗口"等称号。

2013 年正式加入了中国银行业协会客服中心联席会，成为成员中的一员，这个对中国银行业客服中心的发展具有前瞻指导性作用的平台，促进了天津银行客服中心的持续、快速发展。天津银行客服中心这支年轻的团队将用自己的真诚和热情，服务客户，用专业和激情，描绘出天津银行更加美好的明天。

四、包商银行电子银行部呼叫中心

2006 年，包商银行开通了客户服务号码 96016，从此开启了电话服务的篇章。自成立之初，包商银行客户服务中心始终秉承"以客户为中心"的经营理念，以"有线沟通，无限服务"的服务理念，以创新为手段，持续加强运营管理，不断开拓服务渠道，丰富业务种类，满足各层面客户需求，努力构建国内一流的客户服务中心。

客户服务中心作为包商银行对外服务的重要窗口，经过 7 年的快速发展，已具备了即时响应客户需求，提供全方位优质服务的能力和水平。业务数量上，从最初的全年呼入量 1.5 万通发展到 2013 年的 394.12 万通；从最初人工接通量 3 000 通发展到 2013 年的 135.44 万通。业务范围上，客户服务中心提供挂失、账户查询、信息咨询等传统服务的同时，还积极挖掘客户服务需求，不断进行服务创新，开展特色业务和客户关怀项目，如账户转账、基金交易、电子国债等业务，并先后为贵宾客户推出了机场贵宾通道、商旅预订、高尔夫预约等特色业务。服务渠道上，提供自助语音、人工座席、传真、短信息、在线客服等多种沟通方式。

运营管理上，学习同业先进管理经验，建立了完善的组织架构和环环相扣、责任明确的运营管理流程，实现了运营管理的专业化、精细化和标准化。文化建设上，以"提供一流服务、培养一流人才、实现一流管理、创造一流企业"为目标，组织开展了一系列形式多样、特色突出、健康向上、丰富多彩的文体公益活动。先后获得包头市"青年文明号"称号，中国银行业客户服务中心"寻找好声音"活动卓越业务团队奖等荣誉。

包商银行客服中心定位于建设全渠道、多语种、全业务的空中银行。未来3~5 年将逐步发展成为集业务交易、营销推广、事务处理、内部援动、VIP 客户服务、电子商务于一体的全功能空中银行服务。为客户提供多元化、全方位的金融服务，提高客户服务满意度，逐步提升包商银行的服务品质及核心竞争力。

五、上海银行渠道管理部客户服务中心

上海银行客户服务中心（以下简称客服中心）成立于 2003 年 12 月 29 日，隶属总行渠道管理部二级部室，下设：业务支持部、座席管理部、投诉管理部和综合服务部四个内设部，现有员工 291 名，席位 640 个，向客户提供 7×24 小时专业、高效、便捷的服务，受理客户包括业务咨询、账务查询、交易处理、客户投诉、电话营销等多样化的服务需求。

成立十年来，始终秉承"以客户为中心"的服务理念，践行"精品客服、创造价值"的战略愿景，走出了一条服务优质、成本节约、高效管理的发展道路。

（一）打造"三位一体"全方位服务体系

2014 年 2 月 15 日，上海银行微信银行微客服正式上线，提供 7×24 小时人工服务并首创个人白金信用卡增值服务预约功能。同时，客服中心着力打造远程客户经营能力和流程支撑能力，整合多渠道服务、营销资源，开通在线客户经理服务，努力实现"把银行留在身边"的服务目标，同步搭建客户、物理网点、客户经理间的互为支撑、便捷高效的服务通道，努力成为营业网点、电子银行、在线业务中心"三位一体"全方位立体服务体系的重要组成部分。

（二）构建客户诉求一体化管理平台

客服中心根据《上海银行客户诉求管理办法》、《上海银行"客户之声"诉求考核实施细则》，依托以分管行领导为组长，总行各业务主管部门为组员的诉求领导小组，不断完善客户诉求认证、督办、协调、考核机制，形成了一套符合上海银行实际，较为行之有效的诉求管理体系。

同时，创新总、分联动手段，邀请支行窗口服务管理人员实地体验投诉处理各环节，同步改进客户诉求案例库，突出典型案例分析指导，并新增《网点大堂月报》，累计下发案例 130 项、256 起。

（三）完善多渠道员工职业发展规划

客服中心始终高度重视员工的职业发展规划，通过实施"五星级客服代表"考核评价体系，完善各层级员工培训体系、实施兼职培训师机制，开展多岗位员工轮岗等举措，为员工提供了多渠道的发展通路，队伍凝聚力、战斗力、创造力不断提升。

十年发展，客服中心荣膺"上海市文明单位"、"上海市迎世博贡献奖优质服务奖"、"上海银行业最佳客服中心奖"等诸多荣誉称号。今后将继续深化转型发展，全面实现"精品客服、创造价值"的战略愿景。

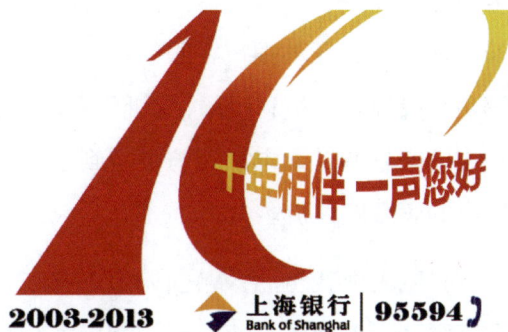

六、江苏银行营运部客户服务中心

江苏银行客户服务中心隶属总行营运部，自 2007 年 8 月成立以来，秉承"铸造细节、提升品质"的经营理念，以总行集中服务模式，建立了"4008696098"全行客服热线和"4008280888"信用卡专线，为全行客户提供 24 小时全天候服务，通过前台接听和后台管理相协作的方式为客户提供业务咨询、业务交易、VIP 专席和电话外呼等全面服务，以客户需求为首，与全行 17 家分行（含省外 4 家分行）的客户服务联系人及总行各专业部室上下联动，形成了良好的信息沟通和内部高效运作的业务流程，本着"限时处理、客户满意"的原则，共同处理各类客服落地业务，构成了全行高效的 Call Center 客服业务处理体系。

客户服务中心在总行领导的指导下积极奋进、勇于创新，提出"沟通创造财富"服务理念。积极引入 6S 管理理论，建立一整套管理规范，通过"12345"行动，即一种理念（一切为客户）、两项标准（标准的服务规范和标准的服务流程）、三句承诺（答复必及时、求助必受理、意见必反馈）、四个做到（一个问候、一个微笑、一个答案、一声感谢）、五级管理（每天一会、每周一培、每月一考、每季一赛、每年一评），践行 6S 管理模式，打造标准化客户服务中心，通过全体员工的共同努力，客户服务中心获得了"省级青年文明号"先进集体、"江苏银行文明优质服务明星团队"等荣誉称号。

客户服务中心现有员工 72 名，其中管理人员 7 名，含研究生 3 名，其他均为本科学历；客服代表 65 名，平均年龄 26 岁，其中本科学历 55 名，大专学历 10 名，超过 80% 的员工通过了银行从业资格考试，整体人员综合素质较高，是一支创新、精干、年轻的队伍。近几年客服业务取得了突飞猛进的发展，2013 年客服中心来电量达 652 万通，人工接听 153 万通，较上年增长 21%，在短时间内持续高速成长的背景下，江苏银行客服中心勇于挑战，团结协作，通过合理排班、系统优化等多手段提高人员利用率，保证服务质量。在电话问卷调查、电话回访中得到了客户较高的满意度评价。

"融入你我生活，融创无限未来"，在互联网金融业务高速发展的背景下，江苏银行客服中心将整合传统服务（电话银行）渠道资源，开创创新服务渠道，搭建多媒体客户服务平台。通过网银在线客服、VTM 视频柜员空中服务，打造线上线下一体化的全行共享的后台服务体系。展望未来，客服中心将坚持不懈打造服务品牌，深耕服务细节，丰富服务内涵，为江苏银

行实现城商行第一的目标，贡献全部的力量。

七、南京银行电子银行部客户服务中心

南京银行客户服务中心自 2005 年 6 月 21 日运行以来，经历了三个发展阶段，从最初简单的电话热线发展为与 CRM 系统高度关联的客户服务中心应用系统，目前正在向覆盖该行全方位业务转变。

客户服务中心建设初期，只是建设成电话热线，客服人员接通电话，通过与客户交流，利用简单独立的客户服务中心应用系统，完成咨询和服务。建设中期，随着 CTI、IVR 与录音系统等技术的应用，开始实施具有复杂路由的客服中心系统。建设后期，该中心系统和功能有了极大地丰富。从业务应用来讲，不仅将该中心业务融入到全行整个核心业务系统中，实现一体化的作业环境；而且依靠工作流管理系统，使该中心在业务和通信上融入到全行体系当中，实现全员座席的概念。在这一阶段，系统将各个渠道进行全面整合，使全行各个部门都为客户服务。

规模上，该中心建立最初只有员工 10 人，座席 6 人，目前该中心员工 47 人，座席 42 人，该中心年处理话务量由最初的不足 7 万笔提高到目前约 65 万笔。在规模发展的同时，2013 年全年呼入电话接通率保持在 94.93%，20 秒内服务水平 89%。随着该行跨区域经营步伐的加快以及 96400 对该行各项业务承载的深度和范围的扩张，预计 2014 年该中心业务规模将达到 75 万笔。

管理探索和实践上，客服中心 2008 年底搭建了基础组织架构，建立了完整的运营管理体系，包含了知识库管理、培训管理、流程管理、质量管理和绩效管理 5 个主要部分，在座席线路增加的情况下设立了网银及信用卡技能组，于 2013 年上线在线客服；并且建立了从助理客服代表到资深客服代表 8 个座席等级和相应的评定办法，通过适当提高薪资，充分调动客服人员的工作积极性，保证客服中心的有效运营。

业务发展上，从最初以受理咨询与投诉建议为主的单一呼入型呼叫中心发展到现在同时具备了呼入与呼出业务功能的混合型呼叫中心。为了适应该行跨区域经营的快速发展，2008 年 4 月开通了全国统一客服热线 4008896400，业务范围逐步从各类业务咨询和投诉建议的受理扩展到借记卡和活期账户口挂、信用卡消费分期付款、信用卡自扣失败提醒、信用卡激活营销、逾期个人贷款催收、短信银

行开通营销、国债购买兑付、代缴费、客户体验回访、在线咨询和业务处理通知等方面，在客户信息搜集、客户情绪调节、金融交易、产品营销支持等方面发挥关键的广泛作用。

八、徽商银行电子银行部客户服务中心

徽商银行客户服务中心成立于 2008 年 10 月，隶属总行电子银行部，位于安徽省合肥市滨湖新区，拥有 2 000 平方米办公场地，集成先进的计算机和通信技术，使用 AVAYA 呼叫中心平台，使用行业领先的知识库、录音、语音分析、IVR、现场监控、CMS 报表、数据库业务子系统，为客户提供安全、稳定的系统环境。客服中心人员规模从筹建时 8 人发展到目前的 102 人，现分为综合业务呼入服务团队、信用卡业务呼入服务团队、呼出营销团队、运营管理团队。

客服中心自成立以来，一直秉承"以客户为中心"的服务理念，以"96588服务千万家"为服务定位，使用全国统一的客服号"40088-96588"（安徽省内可直拨 96588），以为客户提供"方便、快捷、优质、高效"的服务为己任，通过自动语音、人工座席、网络、传真和短信等方式，为客户提供客户服务、交易处理、产品销售等多渠道、全天候、一站式的综合金融服务。经过五年多的发展，客服中心已从当初简单的电话热线过渡到独立的客户服务系统再到自助语音、人工座席、网络、传真和短信为一体的多元化服务渠道，并正在向覆盖银行全方位业务类型的服务体系转变。在加强渠道建设的同时，客服中心高度重视各项服务与业务流程建设，并以规范统一的文件形式，明确客服中心各项业务的执行目的及操作、管理、检核手段，确保客户的每一个需求都能得

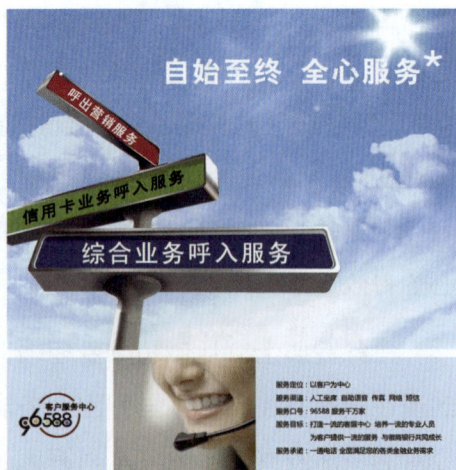

到准确及时地回复，并有效强化了各业务环节的可执行性和可检核性。

目前，客服中心已经成为徽商银行延伸服务方式、降低服务成本、推进经营转型的重要抓手和途径之一。未来，客服中心将不懈探索创新服务的新思路、新途径，向"打造一流的客服中心、培养一流的专业人才、为客户提供一流的服务、与徽商银行共同成长"的目标迈进。

九、齐鲁银行电子银行部客户服务中心

齐鲁银行电子银行部客服中心成立于 2003 年，一直秉承"真诚创造感动，用心成就卓越"的服务理念，以客户服务为中心，以科技发展为动力，持续完善系统功能、提升运营管理水平，高效解决客户问题，提高客户满意度，树立了优质专业的品牌形象。

客服中心是一支由 45 人组成、平均年龄只有 26 岁的年轻团队，隶属电子银行部，属二级部门，下设三个岗位，分别为热线业务支持岗、多媒体业务支持岗与培训质检岗。目前的业务范围包括：40060（96588）的热线支持，微博、微信、官网及网银的在线客服支持、客户留言，短信业务客服支持，网银渠道风险预警的风险核实，电话交叉营销等职能拓展，充分发挥业务咨询中心，业务办理中心，服务监督中心，产品营销中心与客户关系管理中心的职能。

为提高运营管理水平，客服中心建立了现场运营、培训质检、绩效考核、风险管理、多媒体渠道等五大管理体系，建立了客户投诉、电话营销、知识库维护等六大流程，建立了正向积分、服务明星、星级晋升等三项激励机制。截至 2013 年底，96588 话务接起率达到 94%，服务水平达到 88%，客户满意度高达 99%，可以支持个人、公司、电银、信用卡、投资理财、融资贷款等各项业务咨询及投诉建议受理，客户一次性问题解决率

达 99%。

齐鲁银行电子银行部客服中心曾荣获济南市巾帼文明岗、济南市青年文明号、山东省青年文明号、山东省三八红旗集体、山东省企业管理现代化创新成果一等奖等各项荣誉，是一支充满战斗力、凝聚力的青春正能量团队。

十、华融湘江银行客户服务中心

华融湘江银行客户服务中心是在原湘潭市商业银行的基础上建设、改造而成，通过三年多的拓展、优化，系统运行平稳，业务发展较快，为全行业务运行、发展起到了较好的支持保障作用。

"因您而在，为您创造"。华融湘江银行客户服务中心秉承"以客户为中心"这一服务宗旨，以"耐心、细心、用心"为理念，以"服务热情点、业务专业点、话术规范点"为方法，产生了良好的社会效益、经济效益以及人才效益，达到了同城同业服务标准。

经过 3 年多的发展，业务受理规模逐步增强，客户认可度不断提升，促进优质服务水平逐步提高，业务功能正不断完善，中心人数日益壮大，截至 2014 年 4 月底，客服中心座席人数达到 28 人。

（一）业务类型

客服中心主要负责电话银行及短信银行服务，并根据客群不同类型，设立了综合座席、贵宾座席、公务卡座席，为全行客户提供专业服务。

（二）服务渠道（号码）

1.统一客服号码。华融湘江银行客服中心号码为 96599，该号码湖南省内可直拨，外省加区号"0731"。

2.短信号码。短信已实现全国发送，湖南省内号码"106380096599"湖南省外号码为"1069000096599"。

3.贵宾专线号码。为满足客户的需求、更好地服务于客户，客服中心打造了客户分层服务体系，开通了服务专线 400-18-96599。

（三）中心功能

1.服务方式。目前中心采用人工座席、自助语音（IVR）和传真三种方式为不同客户提供方便实用的服务。

2.服务时长。中心通过 7×24 小时全天候全方位服务。

3.服务内容。中心现提供口头挂失、转账服务、修改查询密码、查询社保金、账户查询、受理投诉、建议、咨询和公务卡激活、账单查询等各类业务。

目前中心正着手打造全新一代系统，将客服中心演变成互动式的服务营销中心，完成从成本中心到利润中心的转变。

十一、广州银行信用卡客户服务中心

广州银行信用卡客服中心隶属于广州银行信用卡中心，作为广州银行信用卡服务品牌战略的重要组成部分，以提供超越客户期望的服务为宗旨，为广州银行信用卡持卡人提供多渠道、全天候（7×24 小时）、集信用卡业务咨询、办理、投诉为一体的"一站式"综合服务。

广州银行信用卡中心正式成立于 2011 年 11 月 23 日，12 月 26 日发行首张信用卡，在针对自身有差异化优势的细分市场进行"精耕细作"的战略思想指导下，业务发展迅速，客服中心的队伍也随之壮大，服务水平不断提升。2013 年该中心总来电 59 万通，转人工来电 33 万通，接通率 94.4%，服务水平 80.5%，客户满意度 95%。

为更好地开展客户服务工作，该中心始终将基础建设工作放在首位，坚持"以客户为中心"和"以员工为中心"的管理理念。经过为期两年的发展与积淀，该中心正式提出独具特色的 VARI 服务理念（V- 价值、A- 态度、R- 关系、I- 乐趣），倡导"变被动服务为主动服务"，并通过四个层面九个维度的立体阐述，将客户利益、员工成长、部门发展和公司品牌建设紧密相连，为该中心未来的发展指明方向。

为使客户充分享受安全、便捷、高效、人性化的服务，该中心致力于信息系统建设、流程建设、文化建设、人才培养及团队建设等方面的工作，并取得一定成果。

（一）信息系统建设

引用银联数据系统。已配备座席操作系统、管理员操作系统、话务监控台、监听系统、报表系统等，基本满足座席和管理人员日常工作需要。集合先进的 IT 和通信技术，为客户提供电话、传真、Internet、E-mail、短信、微信等多种服务方式。

（二）流程建设

为了避免一般小型的、初建期的呼叫中心出现没有流程，或者有流程未被执行导致业务和管理混乱的情况，该中心组织人手认真编写，截至目前共有 70 多个流程和管理制度用于日常工作，基本覆盖了业务、培训、质检、现场管理、信息管理等多个方面，保证了客服中心各项工作的有序运行。

（三）文化建设

作为信用卡行业的新生力量，卡中心领导将"服务"视做开疆拓土的利器之一。为了打造有口碑的服务品质，真正做到"以客户为中心"，该中心对文化建设尤为重视，开辟客户意见及建议收集绿色通道，专人进行客户满意度回访，将汇总后的客户反馈意见在卡中心双周例会上讨论，落实解决方案，有效推动了信用卡中心各项流程制度和系统的优化，提升客户服务质量；积极倡导"变被动服务为主动服务"的 VARI 服务理念。

（四）人才培养

以人为本，注重人才的持续培养与发展。除了根据岗位需求提供文化导入类、业务类、心态技巧类培训课程以外，还针对员工个人情况进行培养，提升其综合能力。该中心鼓励员工实际参与到企业的发展中，挑选有潜力、有意愿的同事加入各个项目组，实际接触到不同的工作内容，为员工的职业发展创造良机。

为了更加符合行业发展趋势，该中心认真学习《银行业客服中心评价标准》，以"标准"为指导，结合 VARI 服务理念与实际情况，规范落实在规划管理、运营管理、人才培养与发展、服务效果、价值贡献等方面的工作，为后续业务发展奠定坚实基础。

该中心致力于为广州银行信用卡持卡人提供快捷高效、优质舒心的金融服务体验，创造高粘度高素质的"忠诚客户"，打造一流服务品牌，不断提升客户满意度，竭诚实现"主动服务、客户至上"的服务目标。

十二、广州银行客户服务中心

广州银行客服中心成立于 2002 年，隶属于总行个人金融部，统一客服号码是 400-83-96699（全国）和 96699（广东）。广州银行客服中心一贯秉承"以客户为中心"的服务理念，以"卓越的服务品质一流的服务中心"为实现目标，不断提高运营效率、提升全行的客户满意度。

广州银行客服中心是该行电子银行体系的重要组成部分，是融自助语音和人工服务为一体的多渠道、全天候（7×24 小时）、"一站式"的综合客户服务机构，与营业网点、自助机具等渠道一起构成的客户服务体系。广州银行客服中心具有强大的服务功能，提供除现金、特殊安全认证等业务外的各项服务，包括账户查询、转账汇款、账户管理、缴费支付、投资理财、咨询投诉等功能。中心集合先进的计算机技术、语音处理技术和业务处理模式，实现传统电话呼入呼出服务、传真服务以及互联网等多渠道接入服务，方便客户与客服中心进行沟通，充分享受操作简便、安全高效、人性化的金融服务。

十三、重庆银行客户服务中心

　　重庆银行客户服务中心成立于 2005 年，热线服务号码为 023-96899，隶属总行个人银行部，是该行唯一提供全年 7×24 小时客户服务的窗口，也是该行电子化客户服务渠道的重要组成部分。该中心主要服务于 4 条对外客服热线，受理客户对该行金融产品与服务的咨询、投诉和建议，提供账户信息查询、金融信息查询、转账、代理缴费、投资理财、个人贷款、信用卡管理等金融服务，支持自助语音和人工服务。通过 9 年多的不懈努力和实践创新，该中心逐步发挥出远程虚拟的优势，为客户提供无空间限制、无时间约束、资讯全面、响应及时的优质服务。尤其是近几年，该中心呈现蓬勃发展的态势，从来电量到业务量，从服务效率到服务品质均得以快速发展和提高。最初功能简单的"电话银行"已成长为该行不可或缺的重要服务渠道，以专业、高效、优质、贴心的服务成为该行良好服务形象的典范。

　　在各项业务快速发展的同时，该中心员工也从最初的 5 人增加到 33 人，并逐步形成了"三横四纵"的组织架构。"三横"包括服务层、后援层、管理层；"四纵"分别是运营管理团队、质量提升团队、流程管理团队、培训管理团队。"麻雀虽小，五脏俱全"，"三横四纵"各个岗位员工各司其职，各负其责，确保中心稳健运营，持续发展。

　　除了拥有完整的运营体系之外，该中心更加注重经营管理精细化，风险内控合规化，文化建设人性化。中心成立以来先后制定并完善了各项规章制度，明确岗位职责，对员工工作及行为进行了规范和约束，强化员工的竞争意识和团队协作精神。制定各项激励机制，鼓励员工主动学习，提高自身素质。定期开展形式多样的团队活动，缓解员工工作压力，增强团队凝聚力。重视人才培养与职业发展通道的建设，不断提升员工满意度，降低员工流失率，努力将每一个员工打造成为复合型人才。近年来，该中心以年轻活力，锐意进取的形象，日益彰显出一个年轻金融呼叫中心的竞争优势和发展后劲。

　　9 年时间里，该中心秉承其银行"诚信、敬业、创新、清廉"的企业精神，坚持"以客户为中心"的服务理念，努力打造"96899 真情服务到永久"的服务品牌，凭借团队过硬的专业技能和服务水平，先后获得了"重庆市杰出青年文明号"、"重庆市优秀青年文明号"、"重庆市青年文明号"、"重庆市雷锋团支部"等荣誉称号。客服中心将继续努力，向着下一个奋斗目标："从单一的电话服务中心到多媒体、智能化客服中心转变"，以更坚定的目光，更踏实的脚步，更创新的思维，更统一的行动继续向前迈进！

十四、成都银行客户服务中心

成都银行客服中心成立于 2006 年 9 月，服务热线为（028）96511、4006896511、4000496511。经过七年多的快速发展，该中心业务功能和服务应用日臻完善，品牌知名度和影响力逐步提升，话务量、交易量稳步增长，已成为该行重要的服务渠道和服务品牌。

目前，该行电话银行客户量为 109.76 万户，中心员工 75 人。2013 年度，中心系统接入电话 434.79 万个，其中人工座席受理电话 79.18 万个，较 2012 年同期增长 14.77 万个，增幅 23%。

人工服务：24 小时受理客户业务咨询、投诉、建议；提供各项账户信息查询及交易。提供各项优惠、便捷的增值服务。

自助语音服务：通过语音系统为客户提供账户基本信息、贷款信息、公积金信息、信用卡账户信息等自助查询，以及提供转账、个人账户自助理财、代缴费、短信通、账户挂失、信用卡还款、借记卡激活等各种自助交易。

短信服务：将客户电话银行自助语音账务查询结果以短信形式发送至客户签约手机上。

传真服务：客户通过电话银行获取指定时间段的账户交易明细等各类传真。

特色服务：为客户提供多领域、方便贴心的各项增值服务。

1.订机票享优惠：通过该行客户服务中心预订机票，可享受各大航空公司优惠。使用锦程卡付款，赠送高额交通意外综合险，同时享受刷卡消费积分。

2.订酒店享优惠：通过客服中心预订酒店，可享受携程商旅优惠服务。

3.省医院预约挂号：持该行"芙蓉锦程·金康联名卡"拨打客户服务热线，

最长可提前 15 天办理四川省人民医院预约挂号。

4. 机场贵宾服务：该行贵宾通过拨打客服热线预约登记，可享受机场专用贵宾快速通道送机服务。

十五、富滇银行客户服务中心

富滇银行呼叫中心于 2006 年 8 月成立，是富滇银行电子银行体系的重要组成部分，提供 7×24 小时自助语音和人工服务，目前有 8 个座席工位，客服代表人数为 15 人。提供服务包括咨询业务、投诉类业务（包括投诉 / 意见 / 建议 / 表扬）、吞卡业务、错账业务、预约业务、产品营销等。该中心集合先进的计算机和通信技术，为客户提供数字 IP 语音电话、传真、短消息等电子方式服务。

富滇银行在坚持规范管理、防范风险的前提下，以发展为主线，以客户的满意为目标，以高品质、专业化的服务为手段，不断提高服务质量和服务水平，实现了业务的全面、快速发展。在各类经营活动中积极发挥客户服务中心职能作用、有力支撑全行业务发展，主要运营情况如下：

（一）服务质量管理

从运营的目标来说，该中心要求客服人员客服代表做到 90% 的电话在 20 秒内接起，平均通话时长控制在 80 秒内，接通率基本上在 90% 以上，该行的自助语音服务比例一般为 78% 左右。现场管理方面该中心通常从质量控制和数量管理等两个方面开展，质量控制方面，该中心定期进行监听工作，每个月抽出客服人员三听到五听的电话进行质量控制，并加入客服人员工作绩效考核工作中；数量管理方面，该中心将业务量大小作为主要指标纳入对客服人员的绩效考核工作中。

（二）现场管理

1. 客户服务流程管理。根据该中心的业务特点，该中心对咨询业务、投诉业务、吞卡业务等都设计了相应的工作流程。特别针对投诉业务则从客户投诉到最后的客户满意度回访，设计了一个封闭式的环状流程。在这个闭环处理过程中，工单在每个环节的流转目前采用人工方式完成，该行的客户投诉处理流程分投诉受理、投诉传递、投诉处理、业务回访四个步骤，并启用座席、座席班长、三级投诉处理机制，座席受理客户投诉后，若现场处理不了，则由座席班长根据具体情况联系相关投诉联络员，投诉联络员必须及时回复客户，该中心负责后续跟踪处理，及时回访客户，调查客户满意度情况，若遇到两次以上投诉则反馈到服务监督管理部门。

2. 建立规范的管理制度。为了将客服中心的日常工作纳入到规范的管理体系中，提高客户服务工作的效率，保证各项业务的有序开展，该中心逐步建立和规范了各项管理制度。在总行范围内明确了客户来电业务处理流程，提高处理效率及后续奖惩制度，并在中心内部先后拟订了一系列管理规定。

（三）人员培训管理

定期在部门组织学习，有做得好的例子可以拿出来供大家借鉴；处理不到位的作为案例拿出来进行分析讨论；如有疑问的则作为问题，现场解答不了则统一由主管向相关部门咨询标准答案，让大家的经验得到共享。同时经理收集投诉，开会讨论确认业务涉及的部门，并负责做部门的协调工作让其做出相应的改进措施，保障客户服务水平的稳定提高。

今后富滇银行呼叫中心将在扩大业务范围的基础上将进一步细化流程管理工作，不断提升服务水平，提高客户满意度，树立企业文明规范服务形象。

十六、西安银行客户服务中心

西安银行电子银行部是全行电子银行业务的主管部门，由四个团队组成，分别为电话银行团队、网上银行团队、自助银行团队和服务监督团队，电话银行团队主要负责客户服务热线"96779"（全国号码为4008696779）的运营管理和项目建设。

2002年初，西安银行客户服务中心正式成立，同年10月，客户服务热线"96779"对外运行。热线分为人工和自动语音服务，主要有账务查询、口头挂失、密码修改、代交话费、转账及人工咨询、投诉等传统业务功能。人工座席一直坚持365天、7×24小时服务，从未因人为原因间断过。随着全行服务渠道和产品不断丰富，电话银行也承载着越来越多的服务功能，处理全行 90% 以上的口头挂失业务，是全行的应急处理中心和节假日金融服务值班中心。

2013 年初，西安银行启动新一代电话银行系统建设，同年 11 月正式上线运行，实现了新旧系统的平稳过渡、规模的扩容、场地迁移及客户分层服务，系统规模扩大为 240 路中继接入、180 路 IVR、20 路传真、20 路 TTS。2013 年话务量 392 万通。

目前新一代电话银行正在进行二期建设，计划新增信用卡、外币、基金、在线客服等功能，完成后将全面提升西安银行电话银行的业务功能和服务能力。

BANK OF XI'AN 西安银行

让客户听到我们的微笑
Let the customer to hear our smile

西安客服热线：96779
全国客服热线：4008 96779

十七、大连银行客户服务中心

大连银行客户服务中心成立于 2008 年 11 月 8 日，隶属于大连银行电子银行部，是集自助服务与人工服务为一体，覆盖储蓄、信用卡、理财、国际等全业务的综合性 7×24 小时服务平台。

客服中心自建立之初，一直秉承着"客户至上"的服务理念，始终坚持"用真心换来客户舒心，用专业赢得客户信赖"的原则，力求为客户提供最为专业、便捷、贴心的服务。经过多年的运营，客服中心现已形成了一套较为成熟及有效的运营管理体系，我们倡导以员工为核心，以科学、公平的绩效考核为主体，努力实现绩效管理与人性化管理相结合，促进整体团队的服务能力不断提升。

随着客服中心业务范围不断扩大，服务水平不断提高，柜面压力得到了有效缓解，在银行与客户间搭建起了高效、畅通的沟通桥梁。从"客服中心"逐步向"客户联络管理中心"转变，从"成本中心"向"价值中心"迈进。

2014 年，大连银行启动了"新客服"的建设工作。从大局角度发展"CC"中心，以服务为基础的客户体验是客户联络管理中心的优势和基础，内部协同是关键。通过渠道替代和渠道交叉联动来降低经营成本、提高价值贡献，推动全行系统、产品、流程的持续提升。加强内部各项创新，大力发展新业务，提升综合效益贡献；

渠道创新，加快多渠道整合；服务创新，积极推进以客户为中心的流程再造；管理创新，参加运营标准体系评比。争取在提升客户体验、优化流程，打造客户远程财富服务新体系上有所突破。

新一代客户联络管理中心建成后，将大幅提升以服务为基础的客户体验，提高内部协同效率，逐步成为大连银行"品牌形象的传播者"、"价值创造的实现者"、"战略布局的先行者"、"人才培养的输送者"及"创新发展的推动者"。

第二节　农村商业银行及农村信用社客服中心概况

一、北京农商银行客户服务中心

北京农商银行客户服务中心成立于 2004 年 4 月，迄今整整走过了 10 年的发展历程。目前，中心共有人员 125 人，其中自有员工 85 人、外包员工 40 人。96% 的员工年龄在 35 岁以下，平均年龄 29 岁，是一支年轻而充满朝气的团队。

客服中心作为北京农商银行统一的对外服务窗口，承担了全行业务的客户咨询、服务建议及投诉受理和电话银行系统的维护升级工作。自成立以来，以为客户提供高效优质的服务，竭力分流网点柜面压力为目标，在总行各级领导的高度重视和全行各部门的支持下，艰苦创业、勤勉工作，在人员紧张的情况下，客服中心积极克服多方困难，狠抓员工基本素质和组织纪律性，提升座席利用率，有效控制放弃率，实现人员利用最大化，提升了农商银行对外服务水平和 96198 品牌影响力。2010 年达成了与农信银的托管合作项目。2011 年开通了贵宾服务热线，实现差异化服务。信用卡客服于 2012 年末正式开始运营。

2013 年 8 月，随着总行新一轮机构调整的进程，客服中心由二级中心升格为总行一级部门，明确为全行电话银行客户的服务、管理、营销中心。部门职能和定位的调整，凸显了总行决策层对客服工作的重视及进一步做大做强的要求，中心进入了一个新的发展阶段。服务渠道涵盖了电话、在线客服、短信、邮件等。

服务方式包括自助语音问答、人工服务、传真服务等。服务功能主要分为咨询、交易、投诉处理等三大类（如账户查询、缴费、转账、支付密码查询、对账、挂失、预约等）。同时配合贷款部门开展外拨催收工作，通过短信平台实现营销，配合网上商城业务咨询，组织支行召开客户服务座谈会增强理解与互信。

客服中心先后荣获了 2006 年和 2007 年度总行级"青年文明号"、市总工会授予的"工人先锋号"、2008 年奥运金融服务优秀集体、2011 年及 2013 年度总行"优秀青年集体"。客服中心得到了全行上下的肯定，赢得了广大客户的赞誉，树立了 96198 在北京城乡的良好社会形象。

二、天津农商银行电子银行部呼叫中心

2007 年 12 月成立的天津农商银行电子银行部呼叫中心共有 26 名员工，平均年龄只有 27 岁。这个思想过硬，敬业爱岗，团结奋进，朝气蓬勃，充满青春活力的团队，为全行客户提供着 7×24 小时全天候、不间断客户服务及交易支持，将银行服务延伸到客户身边，成为天津农商银行集在线交易、人工服务、信息反馈于一体的重要服务渠道。

近年来，天津农商银行高度重视呼叫中心建设，持续加大员工队伍和系统建设投入，不断提升呼叫中心服务水平。在壮大人员队伍的同时，通过调整用工方式，使呼叫中心员工素质大幅提高，职业忠诚度和归属感显著提升。目前，呼叫中心培养了一批业务水平过硬、管理能力较强的骨干人员，建立了较为全面的运营、培训、管理体系，为服务水平的提升打下坚实的基础。2013 年末，天津农商银行自主研发的新电话银行系统正式投入使用，该系统体现了"一套系统、两个智能、三个增加、四个完善"的功能特点，实现了服务效率、服务质量及贡献度等运营数据的精确化、标准化。与此同时，通过优化人工服务功能，合理调整人员班次，人工接通率由 84.2% 提高至 93%，给客户带来了良好的体验效果。

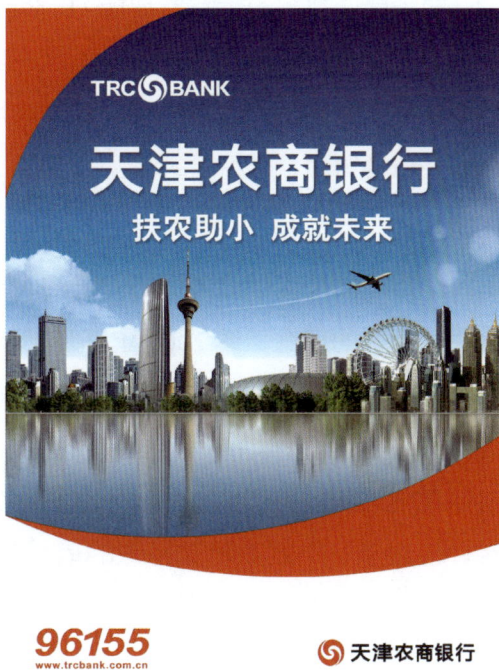

展望未来，任重道远。呼叫中心全体员工将以永不言败、乐观向上的拼搏精神和饱满的工作热情，积极进取、开拓创新，打造天津农商银行卓越服务品牌。

三、上海农商银行客户服务中心

2008 年 3 月，上海农商银行客户服务中心正式成立，从与上海电信合作的服务外包到独立运营管理的转变，对客服中心的发展具有里程碑式的意义。经过六年的建设和发展，上海农商银行客服中心已从一个以简单业务咨询、投诉受理为主的客户服务部门，发展成为融自助语音和人工服务为一体的全天候、多功能、一站式综合型客户服务中心。

蜕变后的客服中心是一个年轻而具有潜力的团队，现有员工 106 人，其中 70 后 12 人、80 后 68 人、90 后 26 人，本科学历者更是达到了 58%。为了满足日益增长的客户服务需求，客服中心在积极挖掘内部潜力、注重人才选拔培养的同时，不断招募高素质新人，扩大客服代表队伍。充足的人才储备体现了客服中心"以人为本"的发展基调。

为了建设更具现代化水平的客服中心，2013 年客服中心借助全行大力建设"新一代核心系统"的契机，对电话银行系统架构、业务流程、服务功能等做了全面的整合和优化，完成了整个电话银行系统从"初代"到"新一代"的切换升级。

为了更好地提升运营管理能力，实现资源的最优配置，客服中心先后从业内招纳了多名资深座席管理人员，不断充实管理队伍；此外，客服中心还多次与本行战略合作伙伴——澳新银行开展交流培训活动，从组织架构、岗位职责、绩效考核、现场管理、外呼营销等多方面做了完善性指导，整体运营效能得到了显著提升。

作为一家区域性服务中心，上海农商银行客服中心始终秉持着"用心服务，客户优先"的理念，继 2008 年开设了英语服务后，2013 年客服中心又推出了沪语特色服务，成为沪上银行机构中首家使用地方语言服务客户的客服热线。沪语服务开展至今，始终得到客户的推崇，服务需求量呈现不断上升趋势，很多客户在电话中也直接表达了对此项服务的赞同，认为沪语服务很"贴心"，为客户创造了一个既熟悉又易懂的语言环境，感谢上海农商银行提供轻松交流的体验。

今天，962999 已成为上海农商银行客户首选的联络渠道，并以"热心接待、诚心服务、耐心解答"赢得了越来越多客户的关注与信赖，也得到了行业的一定认可和肯定。继 2011 年，客服中心首次获得上海市银行同业公会授予的"上海银行业最佳客户服务奖"后，2012 年和 2013 年客服中心又连续两年蝉联获得了该奖项；此外，2013 年客服中心还在中国银行业协会举办的"寻找好声音"活动中夺得"最佳业务团队奖"。

上海农商银行客服中心将倍加珍惜每一份荣誉，坚持以"规范、务实、创新"为指导思想，在深化具有地区特色服务理念和服务文化的同时，继续依托服务平台的自身优势和特点，不断推出新的服务功能，全方位为客户提供更优质、更高效的现代化金融服务。

上海农商银行
SRCB

021-962999 4006962999
真"鑫"服务到永久

四、武汉农村商业银行客户服务中心

武汉农村商业银行客户服务中心于 2011 年 7 月 23 日正式成立，客户服务热线 96555（武汉）和 4001196555（全国）正式开通，是武汉农村商业银行全面提升综合竞争力和实施品牌创新战略的又一项关键举措，初步实现了一个中心服务全国的服务新模式。

三年来，客户服务中心全体员工共同努力，以"打造一流客户体验的银行呼叫中心"为目标，以"促进武汉农商行品牌价值传递与提升"为己任，不断完善系统功能、拓宽服务渠道、提升服务水平、强化运营管理能力。经历了初始建设阶段、升级改造阶段、快速成长阶段三个阶段，96555 已经成为客户与银行沟通的桥梁和枢纽。

目前，客户服务中心可以通过电话、短信、邮件、WebChat 和传真等多种形式为客户提供专业的金融服务。业务范围涵盖：（1）客户借记卡查询、挂失、转账、理财、代缴水费、公积金查询；（2）信用卡业务整个生命周期的各项交易功能；（3）公司客户账户查询；（4）网上银行、手机银行、自助银行服务；（5）咨询、投诉及建议；（6）村镇银行的借记卡查询、挂失、转账、理财、代缴水费、公积金查询、村镇银行公司客户账户查询、村镇银行网上银行、村镇银行手机银行、村镇银行自助银行服务及村镇银行业务的咨询、投诉及建议。

随着客户服务中心服务功能、服务渠道的逐步完善，在为武汉农村商业银行业务提供服务保障，也为异地村镇银行提供服务支撑的过程中，武汉农村商业银行客户服务中心将更加科学、规范和持续性地完善服务体系和提升服务水平，充分发挥促进本行品牌价值传递与提升的效能。

五、重庆农村商业银行电子银行部客户服务中心

重庆农村商业银行客户服务中心成立于 2008 年，历时六载，成为重庆地方性商

业银行中规模最大、系统最优的电话远程服务渠道，具备了服务品质化、流程专业化的"一站式"服务能力。开通有客户服务热线：023-966866；江渝信用卡专线：4008366666；村镇银行客服热线：4001966866。2013 年来电量 998.84 万通，人工来电量 129.84 万通，人工应答量 106.78 万通，应答率 85.82%，客户满意度高达 99.82%。

客服中心秉承"以客户为中心"的服务理念，倡导"贴心服务，真诚服务，主动服务"的服务口号，利用电话、短信、微信、互联网络等多种通讯媒介，辐射总行、分行、支行、村镇银行共 1 767 家营业机构，2 198.9 万个客户，7×24 小时的提供查询、咨询、缴费、维护、投诉五大类共计 63 项服务，其中机场贵宾服务、高尔夫预订、体检预约是面向 VIP 客户的特色服务。2013 年中心引进了业内最先进的 SIP 网络协议技术对服务系统进行了全面升级，现拥有 300 条自助语音和 150 条人工语音服务热线，现场、培训、绩效管理系统自动化也将在今年全面实现，大大增强了技术创新力和业务扩张力。

重庆农村商业银行客服中心位于重庆九龙坡科城路，办公面积 1 600 平方米，配有主任 1 人、管理人员 3 人、座席人员 166 人，设有商旅综合席、信用卡专席、投诉综合席、借记卡普通席 4 个业务技能组，各技能组按管理配置合理分组，各组分设组长，组长之上还设有质检员、质检组长、班长多个更高层级的管理岗位，形成金字塔式的组织构架，增强了流程化、规范化管理的力度，保障了各项业务的有序开展。

注重员工情绪管理是客服中心"以人为本"的管理重心，管理人员与内设情绪疏导员，以一对一交流、集中授课讲解的方式做引导，舒缓精神压力，调整工作情绪，克服畏难思想，树立工作信心。同时设立兴趣小组，定期开展拓展、爬山、瑜伽、书法、体育竞技比赛等活动，丰富员工业余文化生活。通过不懈努力，客服中心的团队凝聚力和向心力不断增强，人员年流失率仅为 8%，就职稳定性高于业内平均水平。

自成立以来，客服中心将员工综合素质培养视做服务质量和服务水平提升的关键，外训与内培结合的不间断培训，定点与分层并重的针对性辅导，质量与效率兼容的科学化考核，让座席代表牢固树立了"服务第一、能者居上"的理念，为客服中心提升社会形象，向全智能型客服中心迈进打下了坚实的基础。

六、内蒙古自治区农村信用社联合社客户服务中心

内蒙古自治区农村信用社联合社（以下简称自治区联社）客户服务中心成立于2012年12月，隶属于自治区联社科技部；2014年2月，为了破解农村牧区乡镇金融服务空白的难题，拓展"三农三牧"和小微企业金融服务渠道，强化农村信用社金融服务水平，提升远程金融服务能力，客户服务中心从科技部分离，转变为部门级建制的独立职能机构。

自治区联社客户服务中心负责对全区农村信用社远程金融服务渠道统一规划、统一建设、统一运营和统一管理，通过人工与自助两种方式为客户提供 7×24 小时远程业务咨询、投诉建议、交易办理、产品推介和增值服务等金融服务，并与自治区联社各部门及 93 家旗县级农村合作金融机构协同合作，共同提升客户服务品质。客户服务中心目前投产使用的服务渠道有短信和 96688 电话，现有员工 20 余人，年服务客户超过 500 万人次。自治区联社秉承"以客户为中心"的服务理念，计划把客户服务中心建成内蒙古自治区农村信用社的远程银行服务中心和远程金融管理中心，打造一个服务"三农三牧"和小微企业的"内蒙古自治区农村合作金融机构远程银行"。

七、吉林省农村信用社联合社客户服务中心

吉林农信客服中心是联系客户的重要纽带，是需求受理中心和客户反馈渠道。

2008 年，96888 客户服务中心团队正式组建，履行为全省农信客户服务职能，全省客服中心目前共有员工 60 人，下设三家分中心，其中分中心有 30 人。借助先进的技术平台，为客户提供 7×24 小时优质、高效、专业银行服务。

客服中心电话银行系统是集自助语音及人工服务为一体的现代呼叫中心系统，是现代通讯技术与银行专业金融业务的有效结合。电话银行可以通过自助系统注册开通，单位用户需在柜面签约开通，开通之后即可免费享有各类金融服务，如账户余额、账户明细、营业网点、自助设备位置、公共信息等查询功能。客户还可享受行内转账功能、定活互转理财功能、银行卡（存折）挂失及电话银行密码修改功能，无须到柜面排队，通过电话就可体验优质服务。

依托强大先进的知识库系统，客服中心全面受理省内 50 家县级行社、1 600 余个营业网点的客户业务咨询，内容包括存款、贷款、结算、理财、中间业务、电话银行、微信银行、短信金融服务、手机银行、网上银行等，深度挖掘客户需求，推荐适合客户的个性化产品，切实让客户体验方便、快捷、贴心的优质服务。

客服中心开办了"直贷通"特色服务，客户只需拨通电话银行，登记合格客户信息，由当地信贷员负责调查，客户就能享受"贷款送到家"优质金融服务。

客服中心实行前台运营与后台管理相结合的管理理念，细化分工，明确职能，通过 IVR 语音分流实现专岗专人受理，组建投诉受理、绩效考核、质检考评、工单跟踪、现场管理、培训考试、数据分析、项目测试、外呼回访等专业化团队，优化流程，提高客服代表受理投诉的质量及速度。

客服中心定位在受理客户需求，根据客户需要联系省联社相关业务部门和县级行社，记录、跟踪、督办工单处理过程，对客户进行回访，满意度调查，分析数据规律，为省联社相关部室及县级行社提供分析数据和改进意见。作为省联社的服务窗口，是智能化的客户管理中心、关怀型的客户服务中心。

为适应发达县级行社日益增长的客户

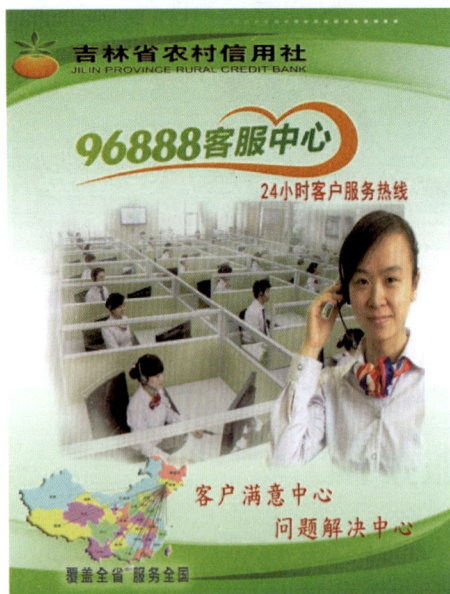

需要，体现个性化、差异化服务，长春农商行、九台农商行、长春发展农商行成立客户服务分中心。为体现全省农信整体统一，客服分中心仍然使用全省统一服务短号码 96888，于 2013 年 12 月 6 日正式对外服务。客服分中心主要受理辖内客户的咨询投诉和外呼业务，负责向客户解答本行社特色的存款、贷款、结算及电子渠道类等业务。客户服务分中心上线后，有效缓解省联社呼叫中心的压力，现已分流全省话务量 34.15%。

八、黑龙江省农村信用社联合社客户服务中心

黑龙江省农村信用社联合社客户服务中心坐落于有着"东方小巴黎"之称的美丽冰城——哈尔滨。它秉承省联社"诚信、和谐、敬业、有为"的企业精神，为全省人民提供优质、贴心的金融服务。

（一）组织管理情况

中心于 2009 年 1 月正式对外运营，主要受理黑龙江省农村合作金融机构客户的自助交易，以及电话呼入的投诉、咨询、求助、表扬、建议、预约等业务。目前，中心人员 23 名，其中，客服代表 18 名。下设综合组、运营组、质检组、技术组等 4 个小组。

为不断提升客服代表服务素质，客服中心与省联社有关部门紧密配合，定期对客服代表开展业务培训，并按月进行考核。目前，全体客服代表均能按照银行业客服中心服务标准，做到业务精通、接线专业、服务周到、耐心细致，圆满完成各项工作任务，提升了全省客户对农村信用社的认知度、信赖度和满意度。

（二）中心运行情况

1. 话务量情况。截至 2013 年末，已累计受理各类来电 740 586 笔，其中：自助服务 471 737 笔，人工座席受理业务 268 849 笔，人工接通率 88%，自助接通率 99.92%，客户满意度 98.5%。

2. 受理结果运用情况。中心成立以来，在为客户提供优质服务的同时，注重对受理结果的参考、反馈及运用，充分发挥中心在提供决策依据、塑造行业形象、提升金融服务水平等方面的重要作用。

一是定期通报客服情况。中心通过发行《96388 客服周报》、在《黑龙江合作金融》杂志上设置服务回音壁专栏等方式，定期向省联社领导班子、各部门及全省各级农村合作金融机构通报客服工作开展情况及客户来电反映的各类问题和建议。其中，自 2009 年 4 月以来累计编发《96388 客服周报》239 期，中心已成为传达客户呼声、反映机构服务状况、为领导提供管理决策的重要媒介与工具。

二是大力提升服务质量。中心相继出台了《客户服务联动机制管理办法》、《客户投诉和建议处理细则》、《客服中心客户服务工作流程》、《黑龙江省农村合作金融机构客户投诉管理暂行办法》等十余项规章制度，并针对各地市农村信用社出现的服务投诉，提出合理化处理意见。各地市联社结合自身实际，分别制定实施了《96388 客户投诉处理办法》，加大了对辖区内金融服务工作管理力度，对规范服务行为、维护客户权益、优化行业形象、搭建和谐金融消费环境起到了促进和指导作用。

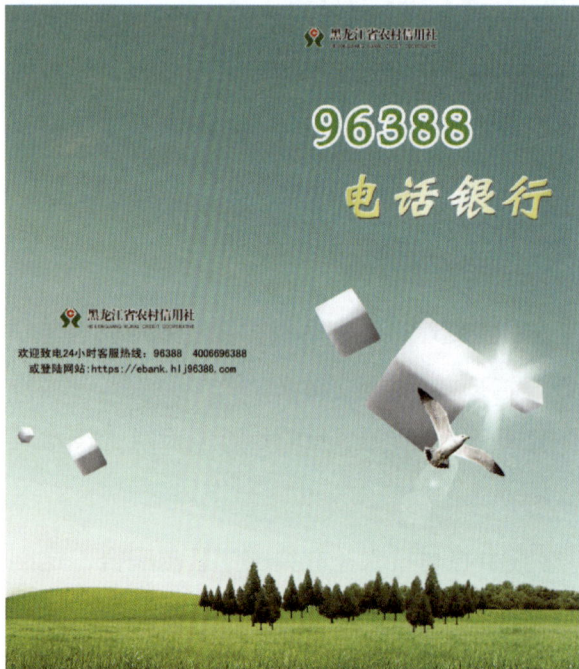

九、江苏省农村信用社联合社信息结算中心客户服务部

江苏省农信客服中心于 2009 年 2 月成立，是集对内服务与对外服务为一体的综合性客服中心，对外服务热线包括综合服务热线 96008 和贷记卡服务热线 40082-96008。

客服中心一直秉承"相知相伴，信如一家"的服务理念，以"看不见的微笑，听得见的温暖"为服务准则，从最初的三个工作组发展至六个，分别为 IT 在线班组、96008 班组、400 班组、网银在线班组、质检班组、综合班组，共有员工 116 人。客服中心通过工作组为江苏省内 11 个地市（不包括苏州、常州）的法人行社及其营业网点，借记卡、贷记卡，网银、手机银行等社会公众个人和企业客户提供全方位多角度、全天候不间断的服务。

IT 在线班组通过"在线服务"平台对各法人行社及其营业网点提交的问题进行受理、处理、派发、反馈及统计分析。定期对系统运行及服务质量进行回访，并及时通告系统运行相关信息。

96008 班组按呼入接听和主动外呼两类为全省各类客户提供服务，包括余额及明细查询、业务咨询、贷款预约、口头挂失、投诉受理、贷款真实性回访和贵宾客户问候等。

400 班组按呼入接听和主动外呼两类为全省贷记卡持有人提供服务，包括卡片激活、挂失、补卡、临时额度调整、积分查询兑换、业务咨询、投诉受理、异常交易提醒、逾期账单催缴等。

网银在线（多媒体）班组以一对多的网络对话方式为客户提供业务咨询、知识库查阅、留言等服务。

客服中心在致力于拓展服务渠道、提升服务质量、扩大服务范围的同时，也在不断加强团队建设，在全体员工的努力下，客服中心连续三年获得江苏省级"青年文明号"，2013 年江苏省级"巾帼文明岗"称号等荣誉。

十、浙江省农村信用社联合社客户服务中心

浙江省农村信用社联合社客户服务中心位于浙江省杭州市，成立于 2008 年 6 月，隶属于省农信联社电子银行处。客服中心采用全省集中模式建设，实行"生产—灾备双活中心"运行模式，建设有呼入、呼出两大服务平台体系，拥有全省漫游、

统一接入的 24 小时服务短号 96596，以及全国范围 24 小时客服热线 4008896596 和村镇银行客服专线 4008332199，围绕"以客户满意为核心，与客户共创价值"的价值观，秉承"用真诚接听，用微笑沟通，用关爱回复"的服务理念，为全省 81 家行社 5 000 多万客户提供 7×24 小时全天候、专业化、标准化、规范化的银行业务和金融信息服务，在提升浙江农信客户服务水平、丰富浙江农信服务品牌内涵等方面作出了积极的努力和贡献。

客服中心已搭建起以座席业务主系统、短信平台为核心，以邮件、传真等为补充的农村金融综合服务平台，为客户提供业务咨询、信息查询、账务服务、信用卡代客交易、投诉建议受理以及外呼催收、外呼营销等服务。目前正在建设在线客服平台系统，拟于 2014 年建成投产，将实现以发送文字、图片或微信等方式对客户进行业务指导、疑难解答及相关交易办理，并由智能机器人进行常规性问题的解答服务，提升客户服务体验。客服中心牵头构建了浙江农信系统客户服务联动机制，有效提升投诉等客户服务事件的处理质效。

客服中心以搭建员工成长平台为抓手，强化内部管理，塑造高效、和谐、向上、崇善的团队文化。常年开展"服务之星"评比、"工单模板大比拼"、"知识库捉虫—补丁"等丰富多彩的竞赛活动，以赛促学，督促员工岗位练兵，提升自我；倡导"能力先行、竞争上岗"理念，每年开展一线管理岗位内部竞聘，每半年开展座席等级评定，营造"人人向上"的良好氛围；团队建设注重"人人参与、人人共享"，举行"巾帼建新功，共筑农信梦"座谈会，举办"客服好声音"活动，开展"新员工融入计划"，培养员工和谐的集体观；组织员工为雅安灾民、浙江省"五水共治"工程等踊跃捐款，弘扬正义的社会观。未来客服中心将打造集电话、短信、传真、邮件、在线客服、微信客服、视频客服等多种服务方式于一体，为客户提供业务交易、投资理财、咨询、投诉受理和处理等全方位服务的浙江农信远程综合性金融服务平台，并积极发挥集约化平台优势，从以"客户满意度"为导向的"电话银行"向以"客户贡献度"为导向的"空中银行"演进，打造集服务支持中心、大众客户经营管理中心、标准化远

程交易中心、业务营销支持中心为一体的远程银行中心，成为全省农信系统产品和服务重要的分销渠道。

十一、福建省农村信用社联合社客户服务中心

96336 客户服务中心成立于 2006 年 11 月，始终秉承福建农信打造"客户满意、股东满意、员工满意，基业长青、受人尊重的现代化金融机构"的服务理念，为遍布城乡的 1 894 个福建省农村信用社、农商银行机构网点的 2 000 多万客户提供全天 24 小时不间断的业务咨询与办理、产品推广与营销、服务投诉与处理等专业化、标准化的服务。

96336 客户服务中心通过七年的成长，由创建之初的 4 人团队发展为现在的近 150 人团队，目前中心共配备 110 个席位，日均处理业务 1.5 万通，其中人工接听 6 000 通；近年来，中心先后获福建省直机关"巾帼文明岗"、中国银行业协会"客服好声音—业务之星"等荣誉。

96336 客户服务中心注重员工的培养及人才成长机制的建设与实践，从人员进入、培训学习、绩效考核、岗位轮换、退出分析全环节进行精心管理，每年均邀请大学教授、同业精英及本行资深内训师针对金融基础、业务知识、服务技巧、压力疏导等领域全方位展开培训，每月坚持开展"成长、自律、自强、守纪、规划、安全、优雅、团结"等主题月活动，按出勤率、在线率、应答量、准确率等指标进行绩效考核，评选"业务之星"，按照"争先恐后"原则在班组团队管理中引进"赛马"考核，形成员工循环流动机制，重视团队的整体成长。同时，组织员工参加银行从业资格、农信招工笔试以及"客服好声音"等各类活动，几年来共向基层行社输送 50 人。

福建农信服务"三农"的市场定位和"小法人、大系统"的体制特性赋予了 96336 客户服务中心崇高的社会责任与使命。农民是弱势群体，农村是金融服务薄弱地区，96336 客户服务中心服务于农村市场，倾听农民对金融服务的心声。农信社、农商银行"小法人、大系统"的体制特性对 96336 的服务提出了更高的要求，既要集中力量、整合资源进行"大系统"统一产品、品牌的标准化服务，又要针对"小法人"的特征，对其差异性的需求进行个性化的服务。96336 客户服务中心承载着社会责任与使命，将更加努力地创造优质的农村金融服务体验。

十二、山东省农村信用社联合社客户服务中心

山东省农村信用社联合社客服中心成立于 2011 年 5 月，秉承"声音传递真情，诚挚服务客户"的服务精神，坚持以客户为中心，以市场为导向，以提供卓越金融服务为使命，为全省农村信用社搭建起业务发展和服务提升的崭新平台。

山东农信客服中心作为服务客户的重要窗口，通过 96668 和 4008896668 热线，为全省 120 家市县法人机构提供产品宣传、活动推广、客户回访等服务，为全省 7 000 万客户提供 7×24 小时全天候、综合性、专业化金融服务，满足客户业务咨询、投诉建议、查询、转账、代缴费、账户挂失等需求。2012 年新版电话银行系统上线后，客服中心科学化、精细化管理水平大幅提升，服务范围进一步扩大，各项业务健康、快速发展。客服中心建立起培训、质量、业务、投诉处理、应急等 10 大管理维度的制度体系，实施运营分析会、质检校准会等有效管理措施，采取灵活高效的排班模式，保证各项制度合理贴近运营实际，执行到位。客服中心现有人员近百人，其中青年员工占 97%。工作中坚持团队文化建设与业务发展的有机统一，多次组织劳动竞赛、业务知识竞赛、明星评选等活动，激励员工增强荣誉感、责任感和使命感，发扬爱岗敬业、团结协作、积极进取的精神，树立一流服务形象，开创客服工作的新局面。客服中心运营三年来，共接听客户来电 237.8 万通，客户满意度 99.2%。

2013 年，获得山东省管企业"青年文明号"荣誉称号，山东农信客服品牌更加深入人心。

山东农信客服中心通过便捷的"一站式"服务，为越来越多的客户提供服务资讯，解决了产品使用疑问，协助客户完成交易处理，大大节省了客户时间，实现了"客户问题解决中心"的价值定位。未来，山东农信客服中心将不断拓展新的发展空间，充分利用自身辐射面广、品牌形象好等优势，满足辖内法人机构和客户的服务需求，提升增值服务水平，打造山东农信综合化金融服务平台，创建山东农信客户服务特色品牌。

十三、湖北省农村信用社联合社电子银行中心客服中心

湖北省农村信用社联合社客服中心成立于 2010 年 12 月，2011 年 3 月起正式上线运行，至今已拥有 25 名座席人员，其中 90% 为女员工，是一支平均年龄只有 25 岁，朝气蓬勃、热情奋进的客服队伍。

湖北农信客服中心成立三年来，始终秉承着"坚持以人为本、倾心服务客户"的信念，2013 年，中心受理客户咨询、账务、投诉等各类电话 29.16 万通，以湖北农信人良好的精神风貌，贴心、耐心地为广大客户答疑解惑、排忧解难，将专业、执着与热诚化作电波，传递到全省各地，近年来连续被湖北省总工会授予"工人先锋号"和"女职工建功立业标兵岗"荣誉称号。湖北农信客服中心在工作中开展"崇尚先进，学习先进，争当先进"的创先争优主题活动，充分发挥先进典型的教育引导作用，引导员工不断苦练内功，提高技能，为湖北农信客户提供更加满意称心的服务。湖北农信客服中心始终推行"温情管理"，注重人文关怀，不断凝聚向心力，力争为湖北农信事业添砖加瓦，在农村金融服务的道路上不断前行。

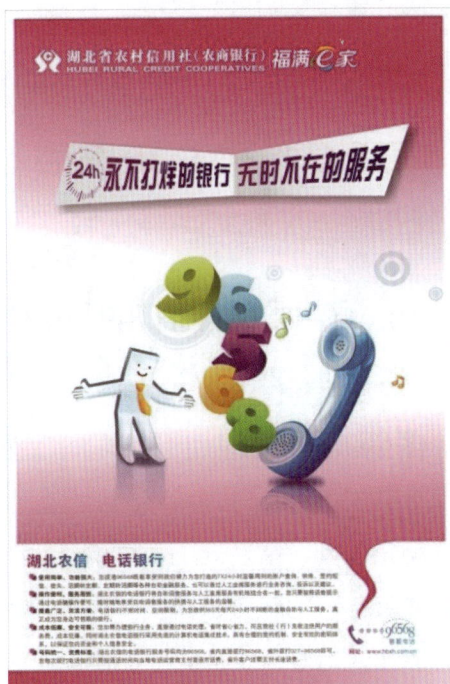

十四、广东省农村信用社联合社客户服务中心

广东省农村信用社合作联社客户服务中心（以下简称客服中心），借全省系统大集中契机于 2009 年下半年开始筹建，并在 2010 年 2 月 2 日正式对外提供服务。客服中心以 96138 统一号码为辖内农合机构提供 7×24 小时的优质服务。

客服中心由广东省农信社电子银行部分管。目前客服中心共有员工 80 人，设置一般业务小组及网银业务小组两类共五个座席小组，并设有组长、培训、知识库管理、后台处理、质检等管理岗位。

客服中心主要服务渠道为电话服务及在线服务，提供挂失、查询、签约、转账汇款等代客交易，同时受理咨询、投诉及建议等人工服务。目前客服中心月均呼入量 50 万通，转人工 15 万通，人工接通率 80%。客服中心月均处理金融交易1 200 笔、月交易金额约 3 000 万元，平均服务时长 140 秒，平均等待时间 10 秒。

自正式运行以来，客服中心始终坚持以省联社领导"高起点、高标准、多功能、广覆盖"的殷切希望为原则，以"多问一句，多想一点，多说一句，多管一事"为行为准则，以"快乐工作、快乐生活"为员工口号，努力营造积极、活泼的中心文化。客服中心每季度举办员工积分奖励、业务知识竞赛、百折不挠客服员工评选等活动，每年度举办客服中心最美声音比赛。2013 年，客服中心获广东省直机关"青年文明号"称号。

客服中心作为广东农村合作金融机构对外形象的窗口，以规范化、专业化的服务，得到了辖内机构的肯定，受到客户的好评。

十五、广西农村信用社客户服务中心

广西农村信用社客户服务中心（以下简称客服中心）成立于 2008 年，设服务热线 966888（区外加拨 0771），定位为单点运营、成本型、综合性的客服中心。现有员工 19 人，其中研究生 2 名，本科 14 名，大专 3 名，平均年龄 28 岁，是一支朝气蓬勃、奋发向上、充满活力的队伍。客服中心秉承"用心聆听声音，真诚传递服务"的服务宗旨及"您的满意是我们永恒的追求"的服务理念，为客户排忧解难，为全区农合机构提供优质服务。客户服务中心员工参加 2013 年中国银行

业协会组织的"寻找好声音"竞赛荣获"风采之星"荣誉；参加 2013 年广西银行业协会银行卡知识竞赛荣获团体第二名的荣誉。

在区联社党委的正确领导下，在银监、银协等部门的鼎力帮助下，广西农村信用社客服中心的各项工作不断迈上新台阶。一是服务八桂大地客户、服务农合机构成效显著。客服中心为八桂大地壮、瑶、苗、侗等 12 个少数民族地区的广大客户，特别是贴近"三农"，为新农保等农村客户提供专业贴心的服务，同时有效处置各种投诉，抓好业务产品的宣传和营销，获得客户及系统的好评。二是全面提高科技水平，增强服务广度深度。2013 年 7 月，二代电话银行系统正式上线，线路由 30 路扩容至 180 路，自助及人工代客的服务功能包括各类账户查询、转账汇款、存款与理财、缴纳各种费用、挂失、信息查询以及信用卡服务等。截至 2013 年末，电话银行签约账户 46.04 万户，受理电话 1 835.70 万通，日均 0.85 万通，平均年增长率 40.98%。话后评价满意度达 99.23%，电话银行业务柜面分流率为 0.85%。三是积极参加社会活动，硕果累累。参加每年中国—东盟博览会的宣传片拍摄及产品宣传折面的制作，并全程参与展台咨询；积极参加"送金融知识下乡"、"普及金融知识万里行"等系列活动，大力向公众推广和普及金融知识；积极参加自治区国资委、工委、银监、银协等单位组织的文艺会演，展现了农合机构的风采。四是运营管理机制不断健全，塑造厚实的客服文化。建章立制，树立规范，提升客服中心的运营管理水平。创办客服中心文化长廊，构建客服团队自我成长、自我管理、自我提升的良好职业平台，积淀客服文化底蕴。

用声音传递真诚，以服务提供保障。广西农村信用社客服中心，将努力打造更优异的服务平台，为打造广西农村合作金融改革发展升级版作出新的更大贡献！

十六、陕西省农村信用社联合社客户服务中心

陕西省农村信用社联合社客户服务中心（以下简称陕西信合客服中心）于

2008 年 1 月成立，对外服务号码为 10106262（全国）、96262（省内）。成立以来，陕西信合客服中心一贯秉承"以客户为中心"的服务理念，以"用心倾听，真诚服务"为宗旨，并以"精湛的服务品质，一流的服务中心"为追求目标，不断提高运营效率，提升广大客户的满意度。

陕西信合客服中心成立之初有客服代表 3 人，服务对象为全省农村合作金融机构的富秦卡客户，提供的金融服务有账户余额查询、账户交易明细查询、口头挂失、业务咨询、传真、投诉及建议等基础电话渠道金融业务。2012 年，随着全省农村合作金融机构银行卡及电子银行业务的发展，陕西信合客服中心进行了一次较大规模的扩容工作，扩容从办公场地着手，依次对硬件设备、系统软件、服务人数、服务功能等进行了全方位扩充，实现了同时在线 30 人对外提供金融服务的能力。

截至目前，陕西信合客服中心共有工作人员 32 人，其中管理岗位 3 人、在线客服代表 29 人。建立并实施了全面、系统、有效的内部管理、现场管理、绩效考核、业务培训、投诉处理等内控制度。为客户提供的金融业务品种有借记卡业务、贷记卡业务，具体内容有富秦卡查询、卡内开销户、本行转账、缴费、家乐卡贷还款、增值服务、公司业务查询、信用卡（公务卡）业务、网银及手机银行、业务咨询与投诉建议等。日均在线座席代表 10 人；日均业务量达 1.5 万笔，交易金额 5.26 亿元；日均电话接入数 2.3 万通，人工请求数 5 000 余通，人工接听数 1 700 余通，15 秒内人工应答率 99.7%，客户满意度评价 97.2%。

陕西信合客服中心作为陕西省农村合作金融机构的一个对外服务窗口，已搭建起"服务 + 交易 + 营销"的综合化金融服务平台，是继营业网点柜台之外的又一个重要服务渠道和窗口。

附录

附录 1　银行业客服中心服务号码列表

单位类别	单位名称	客服电话
大型 商业银行	中国工商银行	95588，4006695588（贵宾专线），4000095588（白金卡专线），4008795588（信用卡集团客户服务专线）
	中国农业银行	全国服务热线：95599 信用卡客服热线：4006695599，021-61195599，+86-21-61195599（境外） 私人银行客服专线：4008895599 白金信用卡贵宾服务专线：4006195599，021-61295599，+86-21-61295599（境外） 香港分行客户服务热线：（852）28195599
	中国银行	客服中心：95566 中银贵宾服务专线：4006895566 信用卡 24 小时客服热线：4006695566，010-66085566 白金信用卡 24 小时客服专线：4006695569，010-66086569 长城国际白金卡 24 小时客服专线：8008200505，021-34144728
	中国建设银行	24 小时服务热线：95533 24 小时信用卡客服专线：400-820-0588（境内），86-21-3869-0588（境外） 24 小时钻石白金卡客服专线：400-888-8858（境内），86-21-3869-8888（境外） 信用卡客户投诉专线：4008200588*9 号键 信用卡客户协助（电话催收）专线：021-38695533；021-38695888（境内）
	交通银行	客服电话：95559 标准卡服务热线：4008009888 白金卡服务热线：4008666888 联名卡服务热线：4008893888 准贷卡服务热线：4008095559 市场活动注册热线：4008893000 境外服务热线：8621-28283888

续表

单位类别	单位名称	客服电话
股份制商业银行	中信银行	全国统一客户服务热线：95558 全国统一贵宾服务专线：10105558 信用卡普通卡、金卡服务专线：4008895558 信用卡贵宾客户服务热线：4006095558 信用卡境外或未开通400服务地区的服务专线： 0755-82380730（普通卡、金卡） 0755-82380710（白金卡） 汽车消费金融全国客服热线：4006208168
	中国光大银行	服务热线：95595 信用卡服务热线：4007-888-888 境外服务热线：0086-4007-888-888 白金信用卡服务热线：4008-111-333 公务卡服务热线：4008-111-011
	华夏银行	全国统一客服电话：95577 信用卡客服电话：4006695577，010-66209577 信用卡海外客服电话：8610-66209577
	中国民生银行	24小时客户服务热线：95568 对公服务专线：4006895568 小微金融服务热线：4008695568 私人银行服务专线：4006195568 信用卡24小时客户服务热线： 4006695568，4008108008（贵宾）
	招商银行	境内服务热线：95555 金葵花：4008895555 钻石卡：4006895555 私人银行：4006695555 养老金融：4006095555 香港分行：0085231195555 境外：+86-755-95555/+86-755-84391000 信用卡客户服务热线：400-820-5555（境外：86-400-820-5555） 白金信用卡贵宾服务热线：4008885555 美国运通卡客户服务热线：4008005555 商务卡客户服务热线：4008205558 "投诉及意见专线"：95555-7、"小微贷款申请专线"：95555-8

单位类别	单位名称	客服电话
股份制 商业银行	兴业银行	客服热线：95561 银银平台：4001895561 贵宾专线：4008895561 境外客服专线：86-21-38769999 境外信用卡白金专线：86-21-38429696
	广发银行	广发银行信用卡 普通热线：95508； 普通热线（境外）:8620-87310029； 贵宾热线：4008863766；8008308848 贵宾热线（境外）：80085263766； 市场活动专线：4008895508； 个人银行 普通热线：4008308003 贵宾热线：4008295508
	平安银行	客服热线：95511 贵宾客服热线：4008895511 信用卡服务热线：95511-2 白金信用卡服务热线：4008895511
	上海浦东 发展银行	浦发银行客服：95528，4001095528 信用卡客服（白金助理）：4008880288 境外信用卡白金助理客服热线：86-21-38784979 信用卡客服（金卡，普卡）：4008208788 境外信用卡客服热线：86-21-38784988
	恒丰银行	400-813-8888
	浙商银行	95527
	渤海银行	400-888-8811（24小时客户服务热线） 95541
邮政储蓄 银行	中国邮政储蓄 银行股份 有限公司	24小时客户服务热线：95580 信用卡服务热线：4008895580
城市商业 银行	北京银行	服务热线：95526 信用卡：4006601169
	天津银行	4006-960296
	包商银行	96016（内蒙古、北京） 967210（深圳、宁波） 028-65558555（成都）

单位类别	单位名称	客服电话
城市商业银行	上海银行	客服热线：95594 信用卡贵宾服务热线：4008895594
	江苏银行	江苏银行客服热线：4008696098 江苏银行信用卡客服专线：4008280888
	南京银行	江苏：96400 全国：40088-96400
	徽商银行	安徽省内服务热线：96588 全国客服热线：4008896588
	齐鲁银行	40060（96588）
	华融湘江银行股份有限公司	0731-96599；贵宾服务热线：4001896599
	广州银行	96699（广东） 400-83-96699（全国） 技术值班：020-37590895
	重庆银行	重庆地区：96899 其他地区：400-70-96899 贵宾专线：4009096899
	成都银行	成都客服：028-96511 全国客服：400-68-96511 信用卡专线：4000496511
	富滇银行	0871-96533 400-88-96533
	西安银行	西安客服：96779 全国客服：4008696779
	大连银行股份有限公司	全国统一客服电话：4006640099
	杭州银行	浙江省内服务热线：96523 全国客服热线：4008888508
农村商业银行、农村信用社	北京农商银行	客服电话：4006696198、（010）96198 信用卡客服电话：4008896198、（010）96198-8
	天津农商银行	022-96155 综合客服专线 40080-96155 信用卡专线
	上海农商银行	021-962999/4006-962999
	武汉农村商业银行	027-96555 4001196555

单位类别	单位名称	客服电话
农村商业银行、农村信用社	重庆农村商业银行	服务热线（重庆市内）：966866 服务热线（重庆市外）：023-966866 信用卡服务热线：4008366666
	河北省农村信用社联合社	24小时电话银行：96369 4006128369
	山西省农村信用社联合社	96518
	内蒙古自治区农村信用社联合社	96688（内蒙古自治区内） 400-99-96688（全国）
	吉林省农村信用社联合社	96888
	辽宁省农村信用社联合社	024-96888 4001596888
	黑龙江省农村信用社联合社	省内：96388 省外：40066-96388
	江苏省农村信用社联合社	客户服务电话：025-96008； 贷记卡客服电话：40082-96008
	浙江省农村信用社联合社	0571-96596；4008896596
	安徽省农村信用社联合社	96669
	福建省农村信用社联合社	客服电话：96336（外省加拨0591）
	江西省农村信用社联合社	0791-962268
	山东省农村信用社联合社	96668（省外加拨区号：0531） 4008896668
	河南省农村信用社联合社	0371-96288
	湖北省农村信用社联合社	027-96568
	湖南省农村信用社联合社	96518（长株潭地区外加拨0731）

续表

单位类别	单位名称	客服电话
农村商业银行、农村信用社	广东省农村信用社联合社	96138 省外需加拨区号 020-96138
	广西壮族自治区农村信用社联合社	966888（区外加拨 0771）
	四川省农村信用社联合社	96633（省内）028-96633（省外） 400-6696633（信用卡客户）
	贵州省农村信用社联合社	96688（外省在号码前加拨 0851）
	云南省农村信用社联合社	0871-96500
	陕西省农村信用社联合社	10106262：客服号码 96262：客服号码（省内）
	甘肃省农村信用社联合社	0931-96688
	青海省农村信用社联合社	400-8272222
	宁夏黄河农村商业银行	（0951）96555/4008596555
	新疆维吾尔自治区农村信用社联合社	综合客服电话：96596
外资银行	汇丰银行（中国）有限公司	零售银行及财富管理与服务咨询：8008302880 运筹理财服务：8008208878 卓越理财服务：8008208828 公司业务：4008826688
	星展银行（中国）有限公司	4008208988
	渣打银行（中国）有限公司	个人银行服务热线： 固话：800-820-8088， 移动电话：86-755-25892333 港澳台及海外：86-755-25892333 优先理财服务热线： 固话：400-888-8322，移动电话：400-888-8322，港澳台及海外：86-755-25892333

单位类别	单位名称	客服电话
外资银行	渣打银行（中国）有限公司	中小企业理财服务热线： 固话：800-988-0018，移动电话：400-888-8393，港澳台及海外：86-755-25890833 "现贷派"服务热线： 固话：800-830-6388，移动电话：400-830-6388，港澳台及海外：86-755-25891288 企业银行服务热线： 固话：800-999-0213，移动电话：86-755-22150988，港澳台及海外：86-755-22150988
	东亚银行（中国）有限公司	8008303811（一段服务） 4008888338（信用卡） 862083963109（境外）
	华一银行	021-962811
	瑞穗实业银行（中国）有限公司	021-38558888
	厦门国际银行	0592-2078888
	华侨银行（中国）有限公司	4006702888
	摩根大通银行（中国）有限公司	59318000
	澳大利亚和新西兰银行（中国）有限公司	仅覆盖个人银行客户： 客户服务热线：4009208880/021-61696129 澳新中国客户： 客户投诉专线： 8008207072/021-61696127

附录 2 中国银行业协会客服中心联席会成员单位

（截至 2014 年 7 月）

1. 中国工商银行电子银行部

2. 中国工商银行牡丹卡中心

3. 中国农业银行运营中心

4. 中国农业银行信用卡客户服务中心

5. 中国银行客服中心

6. 中银金融商务有限公司（中国银行信用卡中心客户服务中心）

7. 中国建设银行个人存款与投资部电话银行中心

8. 中国建设银行信用卡中心

9. 交通银行电子银行部客户服务中心

10. 交通银行太平洋信用卡中心客户服务部

11. 中信银行客户服务中心

12. 中信银行信用卡中心客户服务部

13. 中国光大银行电子银行部客户满意中心

14. 华夏银行电子银行部客户服务中心

15. 华夏银行信用卡中心

16. 中国民生银行电子银行部客户服务中心

17. 中国民生银行信用卡中心

18. 招商银行远程银行中心

19. 招商银行信用卡客户服务中心

20. 兴业银行客户服务中心

21. 广发银行信用卡客户服务中心

22. 广发银行客户服务中心

23. 平安银行客户服务中心

24. 平安银行信用卡及消费金融事业部——信用卡中心

25. 上海浦东发展银行总行客户服务中心

26. 上海浦东发展银行信用卡客户服务中心

27. 恒丰银行客户服务中心

28. 浙商银行电子银行部电话银行中心

29. 渤海银行网络银行部客户服务中心

30. 中国邮政储蓄银行 95580 客服中心

31. 中国邮政储蓄银行信用卡客服中心

32. 北京银行客户服务中心

33. 北京银行信用卡客户服务中心

34. 天津银行客户服务中心

35. 包商银行电子银行部呼叫中心

36. 上海银行渠道管理部客户服务中心

37. 江苏银行营运部客户服务中心

38. 南京银行电子银行部客户服务中心

39. 徽商银行电子银行部客户服务中心

40. 齐鲁银行电子银行部客户服务中心

41. 华融湘江银行客户服务中心

42. 广州银行信用卡客户服务中心

43. 广州银行客户服务中心

44. 重庆银行客户服务中心

45. 成都银行客户服务中心

46. 富滇银行客户服务中心

47. 西安银行客户服务中心

48. 大连银行客户服务中心

49. 北京农商银行客户服务中心

50. 天津农商银行电子银行部呼叫中心

51. 上海农商银行客户服务中心

52. 武汉农村商业银行客户服务中心

53. 重庆农村商业银行电子银行部客户服务中心

54. 内蒙古自治区农村信用社联合社客户服务中心

55. 辽宁省农村信用社联合社电子银行部客户服务中心

56. 吉林省农村信用社联合社客户服务中心

57. 黑龙江省农村信用社联合社客户服务中心

58. 江苏省农村信用合作联社信息结算中心客户服务部

59. 浙江省农村信用社联合社客户服务中心

60. 安徽省农村信用社联合社客户服务中心

61. 福建省农村信用社联合社客户服务中心

62. 江西省农村信用社联合社客户服务中心

63. 山东省农村信用社联合社客户服务中心

64. 河南省农村信社联合社客户服务中心

65. 湖北省农村信用社联合社电子银行中心客服中心

66. 湖南省农村信用社联合社客户服务中心

67. 广东省农村信社联合社客户服务中心

68. 广西壮族自治区农村信用社客户服务中心

69. 陕西省农村信用社联合社客户服务中心

70. 汇丰银行客户服务中心

附录 3 中国银行业协会客服中心联席会工作掠影

2010 年中国银行业协会客户服务中心联席会成立大会暨一届一次全体成员会议

杨再平专职副会长为客服中心联席会
第一届常委单位颁发聘书

2010 年中国银行业第一届优秀客服中心评选获奖单位代表与颁奖嘉宾合影

2012 年第一期"走近客服"系列宣传活动——工商银行座谈采访现场

2012 年第一期"走近客服"系列宣传活动——参观工商银行开心屋

2012 年第一期"走近客服"系列宣传活动——参观工商银行客服文化墙

2012年中国银行业第二届优秀客服中心评选——颁发人才培养与发展奖、优秀创新奖

2012年中国银行业第二届优秀客服中心评选——颁发优秀服务奖、价值贡献奖

2012年中国银行业第二届优秀客服中心评选——颁发综合示范单位奖

2012 年中国银行业首届"客服明星"评选获奖代表与颁奖嘉宾合影一

2012 年中国银行业首届"客服明星"评选获奖代表与颁奖嘉宾合影二

2012 年中国银行业首届"客服明星"评选获奖代表与颁奖嘉宾合影三

2012 年银行业客户服务中心
高级管理人员第一期培训班

2013 年银行业客服中心基层
人员培训班

2013 年城商行及农信社客服中
心学习交流活动——交流现场

2013 年城商行及农信社客服中心学习交流活动——观摩现场

2013 年中国银行业协会客户服务中心联席会换届大会暨二届一次全体成员会议——主任单位交接铭牌

2013 年中国银行业协会客户服务中心联席会换届大会暨二届一次全体成员会议

2013 年中小银行及农信社客服中心座谈会

2013 年中国银行业客户服务中心"寻找好声音"活动——形象展示环节

2013 年中国银行业客户服务中心"寻找好声音"活动——形象展示环节

2013 年中国银行业客户服务
中心"寻找好声音"活动——
形象展示环节

2013 年中国银行业客户服务
中心"寻找好声音"活动——
形象展示环节

2013 年中国银行业客户服务
中心"寻找好声音"活动——
形象展示环节

2013 年中国银行业客户服务
中心"寻找好声音"活动——
形象展示环节

2013 年中国银行业客户服务
中心"寻找好声音"活动——
形象展示环节

2013 年中国银行业客户服务
中心"寻找好声音"活动——
形象展示环节

2013 年中国银行业客户服务
中心"寻找好声音"活动——
知识抢答环节

2013 年中国银行业客户服务
中心"寻找好声音"活动——
知识抢答环节

2013 年中国银行业客户服务
中心"寻找好声音"活动——
情景模拟环节

2013 年中国银行业客户服务
中心"寻找好声音"活动——
情景模拟环节

2013 年中国银行业客户服务
中心"寻找好声音"活动总结
表彰大会——颁发"客服好声
音团队"奖

2013 年中国银行业客户服务
中心"寻找好声音"活动总结
表彰大会——颁发"卓越风采
团队"奖

2013 年中国银行业客户服务中心"寻找好声音"活动总结表彰大会——颁发"卓越智慧团队"奖

2013 年中国银行业客户服务中心"寻找好声音"活动总结表彰大会——颁发"卓越业务团队"奖

2013 年中国银行业客户服务中心"寻找好声音"活动总结表彰大会——颁发"客服好声音"个人奖

2013 年中国银行业客户服务
中心"寻找好声音"活动总结
表彰大会——颁发"风采之星"
奖

2013 年中国银行业客户服务
中心"寻找好声音"活动总结
表彰大会——颁发"智慧之星"
奖

2013 年中国银行业客户服务
中心"寻找好声音"活动总结
表彰大会——颁发"业务之星"
奖

2013 年中国银行业客户服务中心"寻找好声音"活动总结表彰大会获奖选手集体宣誓

2014 年银行业客户投诉处理工作培训班

2014 年银行业客户服务中心高级管理人员第二期培训班

《中国银行业客服中心发展报告（2013）》课题组工作会议